核心素养与学校课程建设论丛

主　编　左　璜

副主编　吴晓昊　赵晓燕

璞玉日琢　洞彻幸福

基于学生核心素养的"幸福课程"体系建设

贺建伟◎著

天津出版传媒集团

天津人民出版社

图书在版编目（CIP）数据

璞玉日琢　洞彻幸福：基于学生核心素养的"幸福课程"体系建设/贺建伟著．-- 天津：天津人民出版社，2024.1

（核心素养与学校课程建设论丛/左璜主编）

ISBN 978-7-201-19789-0

Ⅰ．①璞⋯ Ⅱ．①贺⋯ Ⅲ．①基础教育—课程建设—研究 Ⅳ．①G632.3

中国国家版本馆CIP数据核字（2023）第175494号

璞玉日琢 洞彻幸福：
基于学生核心素养的"幸福课程"体系建设
PUYU RIZHUO DONGCHE XINGFU：JIYU XUESHENG HEXIN SUYANG
DE "XINGFU KECHENG" TIXI JIANSHE

出　　版	天津人民出版社
出 版 人	刘锦泉
地　　址	天津市和平区西康路35号康岳大厦
邮政编码	300051
邮购电话	（022）23332469
电子信箱	reader@tjrmcbs.com

责任编辑	吴　丹
装帧设计	卢炀炀

印　　刷	北京虎彩文化传播有限公司
经　　销	新华书店
开　　本	710毫米×1000毫米　1/16
印　　张	13.75
字　　数	188千字
版次印次	2024年1月第1版　2024年1月第1次印刷
定　　价	68.00元

版权所有　侵权必究
图书如出现印装质量问题，请致电联系调换（022-23332469）

编委会成员

吴　丹　赵　鼐　张贵民　陈桂杰
张　琳　徐　凯　侯国杰　阎永华

总　序

　　欢迎您加入我们，探索以核心素养为本的学校课程建设之旅，本套丛书是我们与河南省郑州市中原区的课程改革实验学校共同完成的成果。我们聚焦未来，注重学生核心素养的培养，深入一线实践，通过理论研究和实践探索，重建学校课程体系。我们期待与您一起，共同推进教育现代化，助力学生全面发展。

　　每个孩子都是独一无二的存在，有着独特的梦想、才能以及对世界的观察和认知。但在传统的学校教育模式特别是应试教育模式下，这些特质往往会被忽视或掩埋，使孩子们无法充分发挥潜能，也难以找到适合自己的学习之道。旨在促进孩子们发展的学校课程，也在追逐所谓"质量"的途中逐渐异化了，将学生的发展让渡给了规范的课程与学科知识，而真正充满生命力的孩子正在学校课程的场域中则被边缘化。孩子们为什么要学习语文，背诵积累甚至抄写那么多字词句？为什么要学习数学，做那么多题目？为什么要逼迫自己去背诵外语的词汇与语法？走着走着，大家都似乎忘记了我们一开始出发的那个地方。一切学校课程建设的出发点，都应该是源于学生的生命成长。我们需要重新审视，重塑课程教育，在保证教育质量的前提下，更加注重孩子的生命成长，构建一个真正适合孩子全面发展的学习环境。

　　因此，我们推动这个项目的初衷在于，建立育人为本的多元化课程体系，重新检视学校课程开发与实施的目的，重新回归学生发展核心素养来重新建构课程体系，回到儿童的世界本身，让孩子们在课程学习中发现问题、解决问题并实现自我价值。我们相信这种课程模式将会成为新时代发展的主流，培养更多未来的人才，为社会的进步贡献力量。

基于学生发展核心素养为本的学校课程体系建设究竟应该是怎样的？我们主张，必须要深耕学校的文化场域，深挖学校的精神品质，传承学校的核心价值，充分建基于学校的特色之上。因此，这套丛书中的每一种课程体系，都彰显出了学校品牌特色与课程建设的完美融合。如外语特色学校建设了"融合课程体系"、足球特色学校建设了"脑体全优能课程体系"、新建校基于儿童的立场建设了"童年课程体系"、立足核心价值追求的学校建设了"美好教育课程体系"，还有我们的"幸福课程体系""沁润课程体系"等等。无论是哪一种课程体系，都是融入了学校文化生命的一种课程理想，都是一种课程改革实践者努力实践的成果。

我们始终认为，学校课程体系建设是一个系统工程，是一个长期坚持的过程。回望每所学校在建设学校课程体系中的点点滴滴，在这个过程中，我们总是被各种人、各种事感动着。中原区的每所实验学校在推动核心素养为本的课程改革的过程中，始终追求品质、守中归原，学校的领导和老师们始终坚守初心，无所畏惧，敢于突破、敢于创新。我们并不满足于只在简单的国家课程、地方课程与校本课程之间徘徊，而是用"爱和专业"，不断创新着新的课程路径、开发着新的课程内容，谱写着属于我们的课程故事。

每一次，在召开课程建设推进工作会议时，我们总会重申这样一个信念："我们做课程，绝对不只是为了改革而改革，我们必须始终牢记，我们做这一切的目的，是为了每一个孩子的未来。我们的课程体系，必须始终以孩子为中心，以发展他们的核心素养为本，让孩子们能够真正面向未来，奠基幸福的人生。没有真正帮到孩子的课程，我们宁可不做。"正因为坚守这一信念，我们一直走到了今天。当然，还会坚定不移地朝着明天继续走下去。

核心素养究竟是什么？我以为，它是教育去适应时代变革的必然产物，是人类来到了信息化、智能化时代对教育目的的重新审视和定位。新时代给我们带来了许多机遇，也带来了许多挑战，其中对教育形成的最大挑战就在于不断爆炸式增加的教育资源、学习内容与学习者有限时间和精力之间所形成的巨大冲突。这种冲突直接带来的后果就是孩子们越学越多，越学越觉得时间不够用。大家似乎都被卷入了一个无法停止的教育漩涡中，学习任务一个接着一个，课程不断地在增加，而孩子们的学习时间早已饱和。因此，所有教育人都应该停下脚步，反思教育应该向何处去。基于对这一核心问题的思考，新一轮的课程改革提出了"核心素养"为本的理念，这一理念的核心思想就是"减负提质"。因此，核心素养为本的学校课程体系绝对不是随意做加法，而是科学地做减法。

为此，核心素养为本的学校课程体系建设，始终坚守一个核心——"课程"，以整体主义作为方法论基础，围绕课程建设，实现德育活动、校园文化建设、课程内容体系、教学过程、教师发展等全方位一体化的改革。在短短几年建设的过程中，我们的实验校、学校老师、孩子们都在不断飞速地发展，收获了成长的幸福，收获了创新的喜悦。

今天，这套凝结着无数课程人思想与行动的丛书即将付梓。作为丛书的主编，倍感欣慰。我想特别骄傲自豪地说，所有这些学校的特色课程体系建设，都是我们对教育的深思，都是我们对学校课程创新的一次大胆尝试，更是我们每所学校对教育理念的执着与坚持。这样的尝试，这样的探索与坚持，在一定程度上丰富和拓宽了我们的教育视野，更为我们未来进一步深化基础教育课程改革做出了示范。

最后，我想借此机会，向所有参与这个项目的领导、老师和学生们表示深深的感谢，是你们的付出和努力，使得这个项目得以实现，使得这套丛书得以诞生。

"教育是一场长跑，我们需要的不仅是速度，更需要的是方向。"是的，这套丛书就是我们在这场长跑中，对方向的思考、探索与坚持。我相信，这套丛书的出版，不仅仅是我们这群热爱教育的人探索核心素养为本学校课程建设的阶段性成果，更是一种能够点燃无数未来想要继续探索学校课程建设人梦想的力量。

2023年6月28日
撰写于 华南师范大学

目　录

第一章 准确定位 幸福教育

第一节 历史回溯 积淀幸福文化

一、时代发展 孕育幸福教育

在实现中华民族伟大复兴、追求幸福人生的道路上，中国人民从来没有停止过自己的脚步。七十多年前，新中国成立，人民实现了当家作主，以高涨的热情投入到建设新中国的各项事业中来。

为恢复国民经济，尽快实现传统农业国向工业国的转变，在党的领导下，我国加快工业化建设的步伐。1953年，政府计划在郑州兴建一座大型砂轮厂，这就是后来位于郑州伊河路与华山路交叉口的中国第二砂轮厂。该厂于1964年建成投产后，成为我国大型综合性磨料磨具骨干企业。

工业的发展离不开科学技术的支撑，而科技人员的培养与教育的发展又是密不可分的。作为基础教育的中国第二砂轮厂中学（以下简称"二砂中学"），适应时代发展需要而成立，建成后的二砂中学校址位于当时绿树成荫的郑州市中原区伊河路西段。

二砂中学于1971年建校，为完全中学，校址设在厂前区北楼，暑假开始招生。学生总计为两个年级11个班，480余人，教职工50余人。学校管

二砂中学师生合影

二砂中学足球场

理为双重领导，教学业务受郑州市教委领导，学校人事、行政和财务属第二砂轮厂领导。

二砂中学自成立之日起，就把培养幸福的劳动者作为自己的育人目标，一代代的二砂教育工作者，秉承二砂人创业立业、精益求精的精神，不断实践着幸福教育的梦想，璞玉日琢，出精品人才，培养出一批批优秀的社会主义建设者和各行各业的人才。

1973年，位于伊河路58号的新校舍建成，学校迁入新校舍。

二砂中学在注重学生德智体美劳全面发展的基础上，突出足球特色教育，培养出一批批知名足球人才，伴随着一代足球人的成长，特色足球也成了留在二砂人记忆中幸福而美好的回忆。

二、区域改革　催生幸福教育

如今，中国特色社会主义建设进入新时代，站在新时代的起点上，人民美好生活的获得，离不开美好的教育，更离不开有内涵、有品质的教育。

郑州市提出"坚持美好生活从美好教育开始，高质量建设郑州'美好教育'"，提升人民群众教育的获得感、幸福感。高质量的郑州美好教育，点亮了百万学子的出彩人生，点亮了郑州千万人民群众的美好生活。

中原区在区域教育生态构建中提出创造高品质的教育,在课程实施中落实五育并举,将"做有品质的教育"作为中原教育人的价值追求,要求教育要理念先进、做工精细,创造高品质的教育,培育品质学生,塑造品位教师,创建品牌学校。[①]

基于国家教育指导思想和区域美好、品质教育内涵及我校历史文化、学情特征,学校提出幸福教育理念,建设完善幸福文化,全力构建幸福课程体系,将"培养孩子获得幸福的能力"作为学校办学理念。幸福是拥有发现美好的明眸,是拥有追求理想的执着,是拥有尝试探索的勇气。心理学巨匠威廉·姆士说:"播下一种习惯,收获一种性格,播下一种性格,收获一种命运。"学校把幸福作为办学的课题,培养孩子们获得幸福的能力就是要培养孩子们在学习中建立自信、在生活中体现价值输入与输出能力,这就是学校所追求的幸福,也是对孩子们未来发展负责的态度。[②]

学校从办学理念到育人目标、三风一训以及校徽"幸福花"等,处处渗透着幸福教育的理念。力求在幸福文化的引领下,构建基于"幸福教育"为理念的核心素养课程体系,培育具有洞彻幸福、培育幸福、发现幸福、憧憬幸福、追逐幸福、创造幸福的能力的幸福少年。[③]

三、办学历史 成就幸福教育

徜徉在温暖的时光中,回眸历史,梳理二砂中学的发展脉络,可以亲切地感受到在那个激情燃烧的岁月,一代代的二砂教育人在用心书写着自己的教育故事,在精心雕琢一件件教育的艺术品。

进入21世纪,二砂中学划归郑州市中原区政府,由中原区教文体局接管,更名为"郑州市第六十九中学",由此迈上了发展的新征程。

[①] 孟万金、姚茹、苗小燕、张冲:《新时代德智体美劳"五育"并举学校课程建设研究》,《课程·教材·教法》2020年第12期。

[②] 毛经蕊:《镇康县第一中学缅甸学生与中国学生主观幸福感比较研究》,云南师范大学硕士论文,2016年。

[③] 解夏:《生命视野下教师幸福理念的阐释》,《教学与管理》2009年11期。

移交前的二砂中学校门

移交后的郑州市第六十九中学校门

2000年1月，根据上级决策，郑州二砂中学正式移交社会管理，更名为郑州市第六十九中学（以下简称"六十九中"）。

2004年，郑州市第六十四中学与六十九中合并，实现强强联合，教学质量稳步提升，特色教育优势突出。2003年、2004年、2005年、2008年，中原区中招考试第一名的佳绩均由我校夺得，体音美特色教育成果显著。六十九中奠定了中原区老牌名校的根基，提出要把学校办成一所"每个小学生向往的初中"的目标。六十九中大踏步行走在幸福育人的道路上。

2006年，曾就读于郑州二砂中学的留美博士、企业家卫浩然先生在回国探亲之际，到校访问座谈。回想起自己当年在母校度过的幸福美好时光，感慨之余，卫浩然先生提出在母校设立"卫浩然奖学金（Wei Haoran Scholarship）"，用于奖励学校每年中招考试前三名的学生。此举极大地激发了六十九中学子的学习热情，也使六十九中的莘莘学子以有卫浩然先生这样的学长为荣，以身处六十九中学习为骄傲，增强了六十九中师生的幸福感和自豪感。

2015年8月,卫浩然奖学金颁奖仪式

2008年9月,卫浩然先生与奖学金获得者合影

2016年底，依托中原区政府投资重点打造品质名校的契机，六十九中完成新址迁建。新学校坐落在中原万达西侧的中原中路158号，新校区位置优越，环境优美，交通便利。学校按照智慧校园高标准建设，拥有图书阅览室、篮球馆、理化生实验室、创客空间、心理咨询室，专用音乐、舞蹈、美术教室等先进办学设施。

2019年1月，六十九中与郑州外国语学校签约，正式成为郑州外国语学校教育集团学校。郑外派出骨干教师团队支持六十九中校区发展，通过教学、教研、科研、德育、管理、考试"六统一"，着力打造"西区品质名校"。乘东风，上青云，郑外·六十九中筑基添翼，飞跃发展。

2019年1月，六十九中与郑州外国语学校签约，正式成为郑州外国语教育集团学校

"郑外·六十九中校区"团队精英荟萃,师资力量雄厚,为学校的内涵发展注入不竭的动力,成为六十九中打造品质名校的重要名片。辛勤耕耘桃李秀,硕果累累满园香。郑外·六十九中以"幸福文化"为思想引领,重育德,强质量,教学质量和育人成果得到社会的一致好评,中招成绩屡创新高。

到今天,六十九中已走过五十年的发展历程。五十载风雨征程,五十年春华秋实,五十年来,学校积淀了丰厚的学校文化,承载着二砂历史文化的幸福记忆。

五十年的辛勤耕耘,唱响了桃李满天下的盛世礼赞。历尽沧桑雄风在,而今迈步从头越,六十九中人将继续传衔薪火,创新奋进,不忘初心,勇担重任,抒教育情怀,展名校风采,用最优质的教育,成就每位学子美好的未来!

第二节　幸福教育是什么

学校从建校之初,一直积淀着幸福文化,经过五十年的发展,确立了以人为本的教学观,教师的身教成为幸福核心文化的主渠道,课堂成为幸福教育核心文化的主阵地,让养成教育成为幸福教育核心文化的基础。当今科学技术突飞猛进,教育改革不断深化,拥有幸福的教育理念,将引领学校持续健康和谐地发展。那么幸福教育是什么呢?

一、幸福教育之本质内涵

幸福教育既不是一种口号,也不是一种教育模式,而是一种教育理念、教育追求和教育思想。幸福教育理念认为,我们的教育应该是让师生持续地感受幸福、体验幸福。教育过程的幸福既包括学生的幸福,也包括教师的幸福。学生和教师的幸福应该是达到外在幸福和内在幸福的统一。由此，学校的教育哲学就是幸福教育，而幸福教育的基本内涵应该是：学生快乐而幸福地学，教师快乐而幸福地教；建立平等互助的师生关系，选择适合师生发展的教育途径，构建和谐向上的校园氛围。

二、幸福教育之文化体现

六十九中坚持立德树人、为党育人、为国育才的教育初心和目标，以追求"品质教育"为价值引领，彰显"幸福教育"的教育哲学，培养阳光健康、淳朴踏实、有志有趣、学有所成的幸福少年。学校的发展愿景是：基于中国学生发展核心素养，六十九中办学理念为指导，建设以"幸福教育"为基本理念的核心素养课程体系，打造成为特色品牌学校。学校核心文化是德育工作的灵魂、课程建设的方向，也是教学工作的核心、教育科研的重点，更是队伍建设的理念、学校管理的引领。通过课程改革落实核心素养，指导课程改革，把学生发展核心素养作为课程设计的依据和出发点，进一步明确各学科具体的育人目标和任务，加强各学科课程的纵向衔接与横向配合；通过教学实践活动落实学生核心素养的发展，明确了"21世纪应该培养学生什么样的品格与能力"；通过引领和促进教师的专业发展，指导教师在日常教学中更好地贯彻落实党的教育方针；此外，通过学生发展核心素养的引领，可以帮助学生明确未来的发展方向，激励学生朝着这一目标不断努力，牢记自身使命和责任，提升自己的知识和能力，为祖国繁荣社会进步作出应有的贡献。[①]

学校将继续秉持"培养阳光健康、淳朴踏实、有志有趣、学有所成的幸福少年"的育人目标，开展校园文化的主题系列活动，同时以社会主义核心价值观引领青少年，让学生在思想上认同，行动上跟进。在加强青少年思想道德建设中，做到求真务实，在继续做好以社会主义、爱国主义为中心的理想、信念主旋律教育外，同时针对青少年的思想特点，做好道德、感情教

---

① 秦江：《以文化建设促进学校发展——贵阳六中"礼诚义"校园文化简述》，《贵州教育》2018年12期。

育。引导学生本着对国家负责、对学校负责、对自己负责的原则,规范好自己的言行,让核心文化在每个六十九中人身上打下深深的烙印,能够影响其一生,每位同学都争取成为德智体美劳全面发展的人才,为实现中华民族伟大复兴的中国梦而努力奋斗。

三、幸福教育之办学理念

办学理念是一所学校办学的理想和信念,是学校办学的灵魂和指针,也是学校可持续发展的精神支柱。先进的办学理念可以外塑形象,内聚人心,为学校的改革、发展提供强大的动力。六十九中正是通过树立蕴含人文精神和思辨特色的办学理念,进而为实现办学理念而采取一系列行之有效的实践策略和措施。学校的办学理念是学校"幸福教育核心文化体系"的一部分,是用于指导教育教学行为与管理活动的最高价值标准,是一切办学行为的逻辑起点,是六十九中开展"幸福教育"的基础,是学校基于中国当代教育的现实以及学校发展的全面认识而作出的关于学校整体发展目标,并能被全部或大多数师生所认可和实践的一种综合追求。[1]

办学理念是学校基于"办什么样的学校"和"怎样办好学校"的深层次思考的结晶。办学理念的功能就是要回答学校的全部活动所涉及的三个基本问题:为什么? 做什么? 怎么做? 这三个问题的答案共同解决了学校的终极问题:学校是什么? 六十九中把幸福作为办学的课题,就要对幸福进行维度解析,培养孩子们积极正面思考、在学习中找到自身的价值、享受生命当下的能力,这就是六十九中的幸福、孩子的幸福,这是对孩子们未来发展负责。

教育不仅关乎个人发展、家庭幸福,更关乎国家前途、民族命运。培养孩子获得终身幸福的能力,意义重大。宝贵的幸福能力,往大了说,是

---

① 张健:《促进学生幸福成长的学校发展新思考》,《安徽教育科研》2020 年第18 期。

具备超凡的抗挫能力；往小了说，是身边的一草一木，寻常的一蔬一饭，皆能感知幸福的所在。六十九中围绕办学理念"培养孩子获得终身幸福的能力"，精心筹划、精准设计了培养幸福能力的三个成长方向：亲情发展、人格成长、知识增长。亲情发展方面，重视家校合作，开办家长学校，家校沟通顺畅，合力打造孩子的幸福教育。人格成长方面，注重培养学生健全的心理人格，通过多种形式，如心理咨询、班会、特色社团、各类体育活动、艺术节汇报演出等，搭建展示平台，接纳情绪树立自信心，完善性格。我们坚信，有幸福能力的学生，内心蕴藏着一股强大的力量，不是不会遭遇黑暗迷茫，而是心里永远住着一个太阳，任何时候都能引领自己走向光明，走向幸福。知识增长方面，围绕学科素养，借助文化课、艺术课、特色社团等，帮助学生搭建多维度的知识建构，形成完备的初中阶段知识体系，从而感受知识增长、积累的成就感、幸福感，获得自我成长，收获幸福的能力。

四、幸福教育之一训三风

校训是广大师生共同遵守的基本行为准则与道德规范，它既是一个学校办学理念、治校精神的反映，也是校园文化建设的重要内容，是一所学校教风、学风、校风的集中表现，体现学校文化精神的核心内容，是学校的灵魂。校训，作为一个标尺，在不地的导引和勉励在校的全体师生。

校训体现着学校的培养目标，对学生的精神成长有着重大作用。在培养"阳光健康、淳朴踏实、有志有趣、学有所成的幸福少年"的目标指引下，六十九中之所以把"让幸福成为一种习惯"作为学校的校训，就是希望学生拥有充满正能量的认识、看法，把这种能量转化为行为习惯，获得寻找幸福的能力，并在寻找的过程中获得持续的幸福体验，收获幸福的人生！

校风即学校的风气。校园精神文化建设是校园文化建设的核心内容，也是校园文化的最高层次。它体现在学校人员的精神面貌，体现在教师的教风、学校干部的作风、班级的班风、学生的学风上，还存在于学校的各种事物和环境之中。良好的校风既是教育和管理的成果之一，又在教育和管理上具有特殊的作用，它有一股巨大的同化力、促进力和约束力，是一种精神力量和优良传统。六十九中把"尚朴鼎新 和乐融融"作为校风：朴，纯朴；鼎，取新也；鼎新指更新、革新。尚朴鼎新即希望全体师生诚实做人，踏实做事，勤恳做学问，以创新的思维和观念开展科研和学习。德国作家雷德曾经说过："爱的旁边就是幸福，幸福的旁边就是爱。"老师给予学生充分的信任与自由的空间，默默地陪伴着孩子们；孩子们在充满爱和希望的校园内，与辛勤付出的教师共享学习，分享愉悦，老师和孩子们共筑幸福乐园！

教风是指学校在教学精神、教学态度和教学方法等方面形成的长期的、稳定的教育教学风气。它是一个学校教师队伍的德与才的统一性表现，是整体素质的核心，是道德、才学、作风、素养、治教等方面的集中反映。好的教风是一个学校崇高的精神旗帜，它对学生可以起到熏陶、激励和潜移默化的教育作用。

学风即学校的学习风气，是学校师生在治学精神、治学态度和治学方法等方面的风格，也是学校全体师生知、情、意、行在学习问题上的综合表现。

陶行知先生提出：千教万教，教人求真；千学万学，学做真人。教育的根本目标，就是用一颗真诚的心，去追求人生的真理。一个"真"字指明了现代教育最重要、最本质的属性。教师作为现代进步教育思想的实践者，应当教学生求真知、学真本领、养真道德，以"真"字作为立教之本。

《礼记·学记》中说："学然后知不足，教然后知困。知不足，然后能自反也；知困，然后能自强也。故曰教学相长也。"学校把"言宽心容 敬业为范"作为教风，旨在引导教师用细致与包容之心触动学生的灵魂深处；用爱与善良之心点燃学生内心的火焰，循循善诱，热爱每一个学生，尊重每一个学生；热爱自己的事业，尽职尽责做好本职工作，不断提升自我；以身作则，以优秀者为榜样，以更好的自己赢得学生的尊重和信任。学习不是一朝一夕的事情，能力的提升是一个不断探索的过程。学校把"睿思至勤 日进日新"作为学风，希望全体师生善于思考、勤勉为学，一以贯之，不断积累，每天都有进步，每天都有成长，每天都有收获，每天都有转变，将知识转化为成长所需的养分，一步一个脚印，为自己拼搏，为人生添彩。这也是二十四字核心价值观的表现。

教风与学风的融合，是六十九中全体师生共同学习、进步、不断提高的灯塔，更是不断创新、求实的动力。

第三节　幸福教育怎么建设

一、绘制学校文化图谱

幸福教育理念体现在校园文化的方方面面。

图1-1　学校校徽

如图1-1所示，学校文化图谱设计为"幸福花"，同时也作为校徽标志，构图丰富，含义隽永。标志主图由"6""9"两个数字组合演变而成，外形既像旋转中的齿轮，又像一朵绽放的幸福花。四片叶子采用亮丽的蓝、绿二色，飞旋齿轮状排列，分别代表"体魄强健，阳光健康，拥有梦想，脚踏实地"。标志颜色为蓝、绿相间，缀以橘色。蓝色、绿色分别代表着眼界、活力，橘色代表希望。三色交错，幸福满满。齿轮状动感造型，呼应二砂的工业历史。

二、聚集"幸福教育"校园文化建设

校园文化作为一种环境教育力量,对学生健康成长有着巨大的影响。校园文化建设的目标在于创设良好氛围,陶冶学生情操,构建学生健康人格,全面提升学生素质。师生员工就共同学习、工作、生活在这校园文化创设的精神氛围与环境里,我们着力打造优美的校园环境,组织多彩的文化生活,力图培养高雅的艺术情趣、浓厚的学习氛围、科学的人文精神、优良的学风校风。因此,六十九中充分利用墙报、橱窗、标牌等校园空间,把思想教育延伸到课外,使学校到处充满着健康向上的舆论氛围,从而促进优良校风的形成。还充分利用校园的每一个角落,重视校园绿化美化和人文环境建设,营造德育的良好环境和氛围。

六十九中的校园文化建设也聚集了大量"幸福教育"元素。东大门内建有一座主雕塑,由圆盘形石刻、球体石刻、立方体底座组成。圆盘形石刻象征砂轮,球体石刻象征足球和眼睛。雕塑主题是对学校传承二砂历史文化和足球特色文化的尊重和形象化表达,六十九中的前身是郑州二砂中学,从那时起就是国家级足球特色示范校,"砂轮""足球"象征这股历史悠久的血脉。眼睛造型的含义为"发现幸福的眼睛",是老师关注的目光和学生探索的眼睛,寓意老师对学生的言传身教,也是学生洞彻幸福、幸福成长的见证。

承载校史的雕塑"幸福之眼"

雕塑后面是校风校训文化墙,古朴典雅的字体展示我校的核心文化、办学理念、培养目标,是以"校风""教风""学风""校训"为内容的"三风一训"。六十九中把幸福作为学校文化发展的核心,倡导淳朴、阳光、积极、健康的幸福文化,把幸福文化渗透于日常教学生活中,让学生感受到成长带来的幸福感,让老师们在工作中寻找到生命的价值;把幸福作为办学的课题,培养学生获得幸福的能力,就是要在学习中建立自信、在生活中体现价值,拥有充满正能量的认识、看法,把这种能量转化为行为习惯,获得寻找幸福的能力,并在寻找的过程中获得持续的幸福体验,收获幸福的人生!

南过厅布置的是教师信息墙。我校现有教师106人,其中中高级职称教师占67.4%,研究生学历教师19人,区教研兼职研究员1人,省市级骨干教师10余名,省市级优秀辅导员40余名,数十名教师先后在省市级公开课中获奖。

西过厅布置的是荣誉柜。近几年来六十九中的各项工作得到了政府和社会的普遍认可,先后被评为河南省绿色学校、郑州市教育教学先进单位、郑州市德育先进单位、郑州市教科研先进单位、郑州市文明标兵学校等。并且被授予足球、篮球国家级示范校,河南省中小学创客教育试点校,郑州市创客教育示范校,郑州市生涯教育示范校等。

学习空间打造上,也体现着幸福元素。丰富多彩的校园文化,为学生全面发展搭建平台,各个教室的班级文化墙,结合时事主题,由学生自主设计布置,百花齐放,精彩纷呈。这些细节,无不彰显着学校幸福文化创建的成果。

每一楼层的墙面文化也各具特色。课程开发墙展示主题,从各个方面展示着六十九中以学生幸福发展为办学目标。学校层面高度重视创客教育,将创客课程规划与学校发展融为一体。在创客课程方面,以中青年骨干教师为先头,开发了相应的课程与教材。同时六十九中还参与科技创客"点亮梦想"课程开发,相关项目实验正在开展中。六十九中的创客教育在师生们的共同努力下已取得初步成果:在"2017年郑州市中小学科学运动会"获中学组比赛冠军。在郑州市第一届编程大赛中,六十九中选派4名学生参加比赛,其中3位同学获得了一等奖。还有在省棋院指导下成立,挖掘学生潜能的"弈趣"国际跳棋社团。六十九中紧紧围绕"品质教育,成就未来"的指导思想,积极稳步推进足球、篮球、音乐、美术、舞蹈等社团建设:学校先后被确定为郑州市篮球、足球传统项目学校,后升级为国家级足球、篮球示范校;是中原区唯一的中学戏曲示范校。足球方面:"2017—2018郑州市市长杯青少年足球联赛"六十九中获初中甲组女队第二名;2017年5月,获"郑州市足球班级联赛"第四名。篮球方面:2017年获中原区中小学生篮球比赛一等奖。艺术方面:科幻画《新型开矿机器人》获得国家级二等奖、省级一等奖;心理剧《小冉加油》获得省级一等奖,《你的心我能懂》《星空之旅》获省级二等奖;舞蹈《红·承》获郑州市中小学生舞蹈大赛第一名。

学校课程文化墙

操场体育文化围墙,展示运动浮雕图案,激发学生兴趣,使学生提升运动幸福感。天井院方方正正,寓意博学、笃实。

学校操场文化墙

校园绿化、美化建设也体现着"幸福教育"元素。整个校园春有花,夏有荫,秋有果,冬有绿,景色宜人,使学生受到美景的熏陶和感染,增强学生欣赏美创造美的能力。

三、"幸福少年"五大核心素养

幸福是拥有发现美好的明眸,是拥有追求理想的执着,是拥有尝试探索的勇气。六十九中是一所以"幸福教育"为理念的学校致力于将学校打造成具有一定社会影响力的中学。

学校的发展离不开学生和教师,而学生是学校的主体,因此,学生幸福素养的培养是学校教育的重中之重。

(一)什么是"幸福少年"?

心理学巨匠威廉·姆士说:"播下一种习惯,收获一种性格,播下一种性格,收获一种命运。"学校把幸福作为办学的课题,培养孩子们获得幸福的能力,就是要培养孩子们在学习中建立自信、在生活中体现价值的优秀品质。

什么是"幸福少年"?"幸福少年"是阳光健康、淳朴踏实、有志有趣、学有所成等优秀品质的集合体。幸福少年拥有发现美好的明眸,拥有追求理想的执着,拥有尝试探索的勇气。

其中,阳光健康就是希望孩子们拥有健康身体、积极心态,这是幸福的前提;淳朴踏实就是希望孩子们品行端正、勤恳务实,这是幸福的基石;有志有趣就是希望孩子们拥有快乐的生命追求,树立远大的目标,在学习生活中为之奋斗并找到自身价值;学有所成就是希望孩子们认知不断成熟、在行动中体验成功的幸福并有所成就。

致力于"幸福少年"的培养,既是学校所追求的育人目标,也是对孩子们未来发展负责态度体现(见图1-2)。

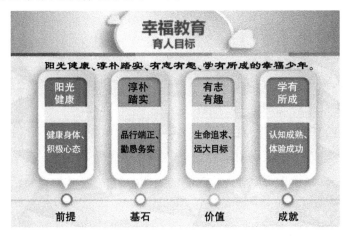

图1-2　育人目标关系图

(二)五大核心素养与"幸福少年"的关系

学生的"核心素养"指学生应具备的适应终身发展和社会发展的必备品格和关键能力,突出强调个人修养、社会关爱、家国情怀,更加注重自主发展、合作参与和创新实践。经过长期实践和充分论证,六十九中将"幸福少年"学生发展目标提炼为"关系感""归属感""发展感""获得感""自我实现感"五大核心素养,这五大核心素养体现了"培养孩子获得幸福的能力"的办学理念,深入回答了我校"培养什么人"的问题(见图1-3)。

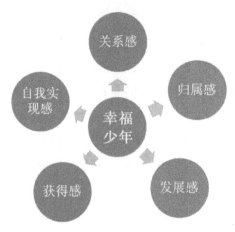

图1-3　幸福少年与五大核心素养关系

1.关系感与"幸福少年"

(1)关系感的内涵

关系,是指人与人之间,人与事物之间,事物与事物之间的相互联系。

(2)关系感对"幸福少年"的意义

幸福教育中的关系感,主要是师生、生生之间关系和谐。学校是由教师和学生组成的学习共同体,在这个共同体中让学生感受到我是被老师、同学需要的;课堂是师生合作与互动的场所,用合作形式的课堂活动,促进关系感的发展。

2.归属感

(1)归属感的内涵

归属感,又称为隶属感,是指个体与所属群体间的一种内在联系,是某一个体对特殊群体及其从属关系的划定、认同和维系,归属感则是这种划定、认同和维系的心理表现。缺乏归属感的人会对自己从事的工作缺乏激情,责任感不强;社交圈子狭窄,朋友不多;业余生活单调,缺乏兴趣爱好。

(2)归属感对"幸福少年"的意义

学校归属感这个概念在教育和心理学领域已经提出了几十年时间,Goodenow(1993)提出,学校归属感(sense of school belonging)是学生在学校环境中得到老师和同学们的接受、尊重和支持的感觉,在学校生活和课堂活动中感觉自己是重要的一部分。De Vos 和 Dijkstra(2000)把学校归属感定义为,学生感觉到自己是班级或学校的重要一员、被他人接受、被他人认为有价值及与他人成为一个整体的一种情感。[①]L.H.Anderman(1999)指出学校归属感就是学生在一个特定的学校内感到自己是受人尊重的,是舒服的;2003年,他在原有基础之上完善了对学校归属感的理解,认为学校归属感提及的是学生观察到的教学的社会背景以及他们认为自己在学校结构中的位置是怎样的一种感受。包克冰等学者(2006)指出,学校归属感是学生对自己所就读的学校在思想上、感情上和心理上的认同和投入,愿意承担作为学校一员的各项责任和义务,及乐于参与学校活动。[②]

美国密歇根大学的研究人员的一项最新研究显示,缺乏归属感可能会增加一个人患抑郁症的危险。研究人员给31名严重抑郁症患者和379个社区学院的学生寄出问卷,问卷内容主要集中在心理上的归属感、个人的社会关系网和社会活动范围、冲突感、寂寞感等问题上。调查发现归属感是一个人可能经历抑郁症的最好预测剂。而归属感低则是一个人陷入抑郁的重要指标。[③]

幸福教育中的归属感,主要是指学生对学校文化与育人目标等方面的认同,能参与学校发展,并承担相应的责任和义务。在课堂上,能积极主动学习,自我调控情绪,有主人翁意识。在与同学的相处和交往中,能与同学建立亲密关系,找到在班级中的归属感和存在感,有同伴,有朋友,不孤独,不寂寞,能愉快地享受在校时光。只有在这样的基础上,其他层次的核心素养才有发展的健康土壤。

---

① 包克冰、徐琴美:《学校归属感与学生发展的探索研究》,《心理学探新》2006年第26期。

② 包克冰、李卉、徐琴美:《中学生学校归属感及其与自我概念的关系研究》,《教育科学研究》2006年第1期。

③ 刘义兰、Richard W.Redman:《美国密歇根大学护理学博士课程及教学介绍》,《中华护理教育》2009年第2期。

3.发展感

(1)发展感的内涵

发展感指在事物不断前进的过程,由小到大、由简到繁、由低级到高级、由旧物质到新物质的运动变化过程中,人所获得的自我的思想深刻化和成长化。

(2)发展感对学生的意义

幸福教育中的发展感,主要是培养学生对问题由浅入深的研究过程。发展感的培养注重课堂的提问,学生的思考,提问的问题要逐步加深,让学生的思维随之深入思考,在思考的过程中获得发展。

通俗一点来讲,对于学生来说,指的就是原来这个东西学生是不知道的,而老师通过已有知识的提问及学生回答,再对已有知识提问,学生探究学习后回答,不断多次递进式提问,学生探究后回答,使学生知道并学会。这就要求是教师在课堂上要注意两个关键字——提问。设置合理、恰当的问题,像爬楼梯一样,给学生合适他们高度的梯子,引导学生去思考,进而在思考的过程中获得发展。

4.获得感

(1)获得感的内涵

"获得"强调一种实实在在的"得到"。不仅是物质层面的,也有精神层面的。获得感是得到后所产生的满足感和幸福感。

(2)获得感对学生的意义

幸福教育中的获得感,是幸福教育一个非常重要的部分,指学生在学完课程能够掌握的内容后,教师在课堂上加一个"检验"的环节,通过灵活多样的形式设计,来让学生实实在在看到自己的收获。对于学生来说,可以使他们具体细化到每一节课,明确自己掌握了什么,获得了什么,从而产生相应的获得感和幸福感。

5.自我实现感

(1)自我实现感的内涵

马斯洛在《自我实现的人》一书中指出:"自我实现的人的定义是:在他

们的基本需要已得到适当满足以后，又受到更高层次的动机——超越性动机的驱动。所谓超越性动机，主要是指人的友爱、合作、认知、审美、创造等特质和潜能，这些潜能的充分实现，成为自我实现。"①

自我实现是指个体的各种才能和潜能在适宜的社会环境中得以充分发挥，实现个人理想和抱负的过程。亦指个体身心潜能得到充分发挥的境界。马斯洛认为这是个体对追求未来最高成就的人格倾向性，是人的最高层次的需要。

（2）自我实现感对学生的意义

幸福教育中的自我实现感，是学生有展示自我的机会，通过表演、演讲、运动等表达方法或活动形式，展示学习后的所感所得，满足自身的成就感。

当然，一个班上可能有很多的孩子，在每一节课上不可能所有的孩子都有展示的机会。但是教师要有意识，今天是这个孩子，明天是那个孩子，教师要给学生一些机会，去展示自己，让学生在展示中产生自我实现感，从而激励学生下一步更积极、主动的学习，进入良性循环的良好氛围中去。

总之，学生五大核心素养的培养最终还是要通过具体的课程与学科实现，《教育部关于全面深化课程改革落实立德树人根本任务的意见》中明确指出："把核心素养和学业质量要求落实到各学科教学中。"随着有关学生核心素养研究的不断深入，学科核心素养逐渐进入人们的视野。从学生核心素养到学科核心素养是课程改革继续推进的内在要求和必然选择。学校积极致力于在日常的学科教学中，通过严谨科学的教学环节设计，促进学生五大核心素养的培育，进而推动"幸福少年"育人目标的实现。

---

① 马斯洛:《自我实现的人》，许金声、刘锋译，三联书店，1987年，第57—58页。

第二章　幸福课程　科学建构

第一节　幸福课程理念与幸福课程设置原则

一、幸福课程理念

随着新课程标准在我国教育界的不断推行,新课程教学理念所呈现出的科学性、先进性以及学习理念、学习方式、教育观、教学观、学生观的不断变化,促使广大教师必须打破传统教学的固有局限,努力去实践新课程理念,探索出适合学生人生观、价值观以及认识观变化的教学方式,让课堂教学绽放出新光芒。为了紧跟区域改革的脚步,基于国家教育指导思想和区域品质教育内涵以及六十九中历史文化、学情特征,我校提出幸福教育的课程理念。

(一)幸福课程的教育观

诺丁斯以哲人的眼光批判性地继承柏拉图、亚里士多德、休谟、密尔等哲学家伦理思想的基础之上提出了自己独特的幸福理论。[①]诺丁斯幸福教

---

① 侯晶晶:《内尔·诺丁斯关怀教育理论述评与启示》,南京师范大学博士论文,2004年。

育的根本要义在于帮助学生在教育和生活中找寻幸福。诺丁斯幸福教育观以关怀伦理学为理论基础,以现实生活为依托,以学生幸福为归宿,为我们当前的教育与幸福——这个极具时代意义和现实意义的课题描绘了一幅理想蓝图,其幸福教育观的内容主要包括以下四个命题:幸福目的论、幸福内涵论、幸福来源论及幸福教育论。①刘次林认为教育使人朝向更好的生活,而生活又以幸福为目的,因此,教育的终极目的就是幸福。②在诺丁斯的《幸福与教育》一书中,她为教育者提供了几种实用的教育教学策略,着重强调了理解、关怀、育德、学习等几种追逐幸福的方式。诺丁斯认为,教育工作者的大部分责任是帮助学生去理解有关幸福的困惑和难题,并且还要培养学生的自我理解能力。③苏霍姆林斯基曾提出:"让每一个从自己手里培养出来的人都能幸福地度过一生。"我们培养的人不仅仅要拥有服务于社会的能力,他们更应该是国家的主人、幸福中国的建设者,能够实现自己的人生理想,创造幸福人生。因此,教育的本质是人的教育,教育的目的应该回归到"人"的身上,应当为了每一位学生的终身发展。培养完整的人,实现人的幸福才应当是学校教育的本源追求。④

六十九中提倡幸福教育,把教育目的回归到人,体现教育对人的关照。让学生获得幸福的思维,拥有创造幸福的能力,体验幸福的境界,从而在教育中获得幸福感。

(二)幸福课程的课程观

"幸福课程"的基本特征是丰富性、可选择、有梯度,课程设置适合每一位学生全面发展、个性化成长需要。"幸福课堂"需要凸显民主性、体验性、

---

① 唐冬梅等:《诺丁斯幸福教育观对我国当前幼儿家庭教育的现实关照》,《大庆师范学院学报》2019年第9期。

② 刘次林:《幸福教育论》,人民教育出版社,2003年。

③ 杨威:《诺丁斯"幸福教育观"对于中小学德育工作的启示》,《黑龙江教育学院学报》2013年第3期。

④ 李红娃:《幸福教育"理念下校本课程的建构与探索》,《基础教育》2020年第4期。

生长性特点，追求"五味调和"：儿童的味道，坚持儿童立场，保持童真童趣；学科的味道，坚守学科本色，内容形式相谐；生活的味道，基于校园生活、家庭生活、社会生活，着力实践与体验；文化的味道，体现自由、开放、民主，饱含爱心、耐心、恒心，倡导自主、合作、分享；成长的味道，在挑战与创造的实践中，实现关键能力和必备品格的培育与提升；更添"幸福的味道"，在幸福的实践中感受幸福、体验成长。[1]"幸福课程"，在教学过程中把课堂还给学生，改革教育途径和教育教学的方法、策略，以引导学生感受幸福为目标，使课堂教学不仅重教书，更重育人。改革评价体系，建立学校的教学质量数控模型，调控教师的教学行为，促进教师和学生幸福成长。[2]

六十九中以幸福为核心，课程力求着眼于学生的主体性，从学生出发，创设立足于学生实际发展且学生感兴趣的多种课程，培养学生多方面的兴趣爱好并养成良好习惯，为学生发展奠定基础，使学生在教育活动中感到幸福。

(三)幸福课程的学生观

学生观是指教育者对学生的基本看法，它支配着教育者的教育行为，它决定着教育者的工作态度及其工作方式。教师应该转变观念、树立科学的学生观，用平等、慈爱、欣赏、发展的眼光来看待学生，让学生正确客观地认识自我、审视自我、发展自我、成就自我。[3]教育家苏霍姆林斯基曾这样说："在教学大纲和教科书中规定了给予学生各种知识但却没有给予学生最重要的东西，这就是：幸福。理想的教育是：培养真正的人，让每一个从自己手里培养出来的人都能幸福地度过一生。这就是教育应该追求的恒久性、终极性价值。"从教育的目的来看培育幸福学生是教育的使命所在。[4]我们认为学生是教育的主体，因此需要培养学生的幸

---

① 曹文兵：《幸福教育"理念下课程建设的校本实践》，《江苏教育》2019年第8期。
② 王霞：《实施"幸福课程"的实践与思考》，《基础教育研究》2021年第2期。
③ 汪学琴：《新课改背景下的学生观浅析》，《四川民族学院学报》2010年第6期。
④ 刘玉娟：《幸福学生培育初探》，《中国特殊教育》2011年第9期。

福情感和获得幸福的素养,关照学生,使学生成为发现幸福、创造幸福、享受幸福的人。

(四)幸福课程的教学观

教学幸福就是:教师和学生对教学生活中同类感知及其意义持久、积极的体验。教学幸福具有特定的范围,它是教师和学生对教学活动中感知到的信息及其意义的价值判断。持久、积极的体验对教学有稳定的促进作用,从而要求教学中要充分发挥积极情感的作用,限制消极情感因素对学生发展的影响。追求幸福生活,要立足教学本身,同时把教学幸福和追求教学幸福的过程作为课堂的重要内容。幸福的情境性要求教学要与具体的教学内容,特定的教师和学生等因素构成的教学情境相联系,精心地设计教学情境,注重教学的全过程而不是仅仅关注结果;幸福的情境性要求教学活动一定把学生的原有经验和新学习的经验紧密结合;幸福的情境性要求教学过程中要充分利用社区和学校的课程资源设置适合学生学习的问题情境,通过问题解决培养学生的各类素养;幸福的情境性同时要求问题情境的设置要适合学生的"最近发展区";幸福的情境性也意味着教学活动要充分利用学生的非智力因素,把情感教学当作教学活动有效教学的第一道门户;幸福的体验性要求教师和学生不但要积累教学生活中的感知和意义体验,还要通过观察同伴和反观自己在教学活动中发现、比较优势确证自己在集体中的合理位置形成正确的问题归因方式。①

幸福,源于心态,源于对一份热爱生活、奉献职业的乐观心态,所以要成为一名幸福的教师,第一,树立幸福的职业观。坚持"幸福比优秀更重要"的职业道德,因为一味严格地要求学生的行为规范以及优秀率的指标,只会给学生带来学业上的压力和精神上的反感。教师的情绪就会随着学生学习情况的变化而波动,职业倦怠感也随之而来,所以教师应树立幸福

---

① 杨甲睿:《幸福的教学含义》,《现代中小学教育》2009年第12期。

的职业观，在奉献中享受自我实现的幸福感。第二，树立民主的管理观。教师首先要尝试坐下来与孩子近距离进行心与心的交流。在孩子的心目中，当老师不是权威，而是朋友的情况下，才会愿意真诚地与其交流。当孩子们发自内心地喜欢和老师交流的时候，老师必会产生一种幸福感。其次，教师应该树立平等观念，尊重后进生，关爱特殊群体，积极构建和谐有爱的师生关系。第三，树立幸福的课程观，教师首先应该改变照本宣科的传统课堂教学方式，结合本班学生的学情，将国家课程校本化、班本化。在对教材进行二次开发的过程中，大胆融入当地的特色文化，从而开发具有特色的幸福课程，使学生切身感受生活化、生动化的知识。其次教师应该设计生动、多样的教学模式，来促进师生互动、生生互动，从而建构快乐的课堂学习氛围。

我们应该采取新的教学方法，使每位学生都能在课堂上充分展示自己，均衡发展课堂，促进各个层次学生的充分发展。让学生在幸福的环境中学习，拥有幸福感，创造幸福感，并传递幸福感。

二、幸福课程设置原则

（一）生活化原则

新课改强调教育要回归生活，旨在加强教育与生活的联系，课程编制要注重培养学生的学习兴趣，激发学生的积极思维和发散思维，使他们发掘课程与生活的密切联系，并在生活中综合运用。幸福教育课程将理论与生活实践紧密结合，加强了学校与社会的密切联系，将生活完美地嵌入到课程之中，课程的理论知识与生活息息相关，是能够运用于生活的。作为管理者的教师不能无视外界环境的变化而闭门造车，应及时了解和掌握外界环境变化的信息，如市场经济对人才的需求类型，社会现存价值取向以及社区文化、学校文化等给学生带来的影响，应及时调整自己的教学思想、教学内容、教学方法和手段，使课堂教学更好地适应外界环境的变化，激发学生的学习动机、学习热情，取得良好的教学效果。

(二)特色性原则

　　课程的设置应科学、实用、易操作、富于探究、突出学校幸福教育的特色,体现学校的办学方向,还要调动学生、老师的积极性和主动性,充分利用校内外资源,形成教育合力。学校应该充分结合自身办学特色与优势资源,不断打破教育的时空界限,拓宽学生的学习空间,形成学校、家庭、社会三位一体的生态场域。促进幸福理念融入日常的教学,并加强其与核心素养的关联性,采取有效措施,通过教师、学校、社会三方面对初中阶段学生的核心素养进行有效培养。

(三)综合性原则

　　六十九中"幸福"特色课程建设,是在结合学校实际情况下创设的。"幸福"课程体系主要内容分为课程和教学。课程分为三大板块:"基础课""个性选修课"和"卓越计划"。教学着重培养学生的"关系感""发展感""获得感"以及"自我实现感",目的在于培养学生获得幸福的素养。

　　在特色课程建设中,学校根据新情况适度调整学校总体课程框架,重新规划设置各种课程类别。首先,基础型课程多表现为国家课程,特色育人目标在其中的主要表现形式为特色教育与各学科教学相结合。在教学中,从教材实际出发,将特色教育融入学科知识的学习或训练之中,针对学科特点,寻求最佳结合点。文科教学中可充分发挥教师的情感引导,促进学生对于知识与文化的情感体验,形成良好的道德品行;理科教学中可注重逻辑思维能力的培养。其次,拓展型课程注重学科的延伸与学生的个性培养,通过相关课程学习、参与系列活动、组织参与社团活动等一些形式开展,充分挖掘特色教育的主题资源,提升学生的综合素养。最后,探究型课程是实现创新学习的最佳途径。全校教师要集思广益,发挥教师的学科专业优势,立足基础型课程与拓展型课程,围绕特色教育的相关主题,逐步形成系统完整的课程研究体系。在教学实施中通常以走班的形式开展选修课、社团、研究小组等学习活动。以原有课程体系为基础,结合特色育人要求,形成了新的课程体系板块。在基础型课程领域,平均压缩了原有课程体系中近两成的计划必修课,并将其中的拓展型知识传授纳入综合课程之内。综合选修课为一系列"微型课程",学生可以根据自己的兴趣、爱好自主"点菜",实行菜单式的个别化课程管理模式,分别限定最低选修学分,不限定选修的内容,部分"微型课程"允许跨年级选修。以小课题研究为基本形式的研究性学习课程和社团活动课程能够培养学生的兴趣,从而促进基础知识的提升。德育培育课程在学校课程结构设置上,通过嵌入、糅合、渗透,逐步融入三类课程类别之中,以不同课程类别的设置,有针对性地对特定学生群体进行特色教育,推进特色育人目标的实现。

(四)适应性原则

一是要与科技迅速发展的需要相适应。开发出最新的科学技术技能课程,赋予课程以新的内涵和时代特征。二是要与学生个性发展的需要相适应。教师要在深入了解学生的差异类别、个性需要的前提下,研究、设计教育活动和教学内容,从而开发出让学生有幸福感的课程,以利于促进学生个性特长的发展。提升中小学校课程的适应性,既需要做理论分析,更需要中小学的课程实践探索。提升教师的课程实施水平,是改善课程适应性行之有效的重要举措。三是充分利用地域性的课程政策实施课程。为深化教育教学改革、全面提高义务教育质量,六十九中根据《中共中央、国务院关于深化教育教学改革全面提高义务教育质量的意见》精神,结合河南省实际,提出:坚持以习近平新时代中国特色社会主义思想为指导,全面贯彻党的教育方针,落实立德树人根本任务,围绕凝聚人心、完善人格、开发人力、培育人才、造福人民的工作目标,坚持德育为先、全面发展、面向全体、知行合一的原则,树立科学的教育质量观,遵循教育规律,发展素质教育,努力培养德、智、体、美、劳全面发展的社会主义建设者和接班人。聚焦深化教学改革和提高教育质量的主题,构建德智体美劳全面培养的育人体系;大力推进课程教材、课堂教学、考试招生、质量评价、教研支撑等五个重点领域改革,探索形式多样、行之有效的教育教学方式方法,在发展素质教育上取得突破。四是规范课程教材建设。严格执行国家课程方案,开齐课程,开足课时,不得出现"两张课表"。修订我省地方课程设置方案、课程标准,规范相应教材开发。落实国家关于校本课程有关规定,加强学校课程体系建设研究与指导,引导学校构建多样化、有特色的课程体系,满足学生发展需求。推进课堂教学改革,制定学科课堂教学基本要求,学校要健全教学管理规程,统筹制定教学计划,形成教学管理特色。严格依据课程标准实施教学,不得随意改变难度、调整进度,杜绝"非零起点"教学。优化教学方式和教学环节,注重启发式、互动式、探究式教学,重视情境教学,推进研究型、项目化、合作式学习。深化课堂教学改革,逐步形成各具特色的教学模式和方式,提高课堂效率。优化作业设计,统筹调控作业总量和时间。加强实验教学,创新实验教学方式。

(五)科学性原则

科学性原则就是要开发出科学的幸福课程,主要有两个方面的要求。一是课程体系结构的合理性。即所开发的校本课程要与国家、地方课程相互补充、相互衔接、相互融合,构成科学合理的课程体系。二是课程内容的科学性。要确保教学内容的严谨性、逻辑性、准确性、科学性,提高课程的学术性价值。学校课程科学性原则体现在于教学方法应该符合学生的认知特征。人类的认知规律告诉我们,人的认识始于表象,升华为本质;始于局部,升华为全局;始于感性,升华为理性等等。这就要求教师在设计教学方法时,要从感性的浅处或小处入手,逐步引导学生由此及彼、由表及里、由浅入深、循序渐进;教学方法应该符合教学对象的心理特征。教育学和心理学的有关研究表明,不同层次的心理状况,其对于知识的接受方式和理解方式是不同的。这就要求教师要深入学生,了解学生,研究学生。面对日趋激烈的社会竞争,应该如何准确定位自己,适应社会竞争,如何使自己成为生活的强者和实现个人的人生价值,这是当代中学生主要关注和思考的问题。针对这一心理特征,在设计教学方法时,老师应该努力使教学方法更加贴近学生生活,更加贴近学生需要,不断满足中学生的实际心理需求；教学方法在设计上应该考虑到学生的理论水平；教师在实施教学时，要充分考虑到学生群体差异的因素，因材施教，科学制定教学方法。对于不同专业、不同层次的学生，其教学内容和教学方式应该是多样的；教学方法应该符合时代和社会发展的需要。

(六)实践性原则

幸福课程是以培养学生实践能力和发展学生个性为主要目标的，要精选适用性、可操作性强的课程内容，使学生能够学以致用、活学活用、边学边用。其一，教师以"教"这一实践活动来取得其社会地位和责任，学生以"学"这一实践活动来改造自身的主观世界并体现对教师的反作用。同时，"学"就是学生的生活本身，它就是生命的实践。其二，课堂教学是师生活生生的生命实践，是他们生命中重要的历程，是他们生命的有意义的构成部分。师生不仅在其中实际地生活和感受着，而且其后继作用巨大，直接影响学生当前及今后的多方面发展和成长，直接影响教师对职业的感受、态度和专业水平的发展和生命价值的体现。教学不是为了完成认识性任务，"必须改变课堂教学只关注教案的片面观念，树立课堂教学应成为师生共同参与、相互作用、创造性地实现教学目标过程的新观念"。其三，课堂教学中坚持实践的观点全面体现了培养目标，促进学生的全面发展，达成其社会性功能，而不只局限于完成认知性任务，要从关注知识技能获得、分数增加、升学率提高等方面转到重视整体素质提升、实际水平提高、综合质量改善等目标上来。其四，确立课堂教学的实践性原则，将推进个人的活动与合作性活动的统一，寻求交流和共享的共同知识的形成，有利于新人的培养。师生在自主的个人世界中生活，同时也通过同他人的社会亲和，在共同的世界中实践。

基于幸福教育理念，我校将幸福文化渗透到课程建设中，建构并实施"幸福"课程体系；培养学生成为阳光健康、淳朴踏实、有志有趣、学有所成的幸福少年；拓宽教师的视野，转变教师的课程思维，提高教师的教学素养，造就一批专业水平高的优秀教师；将学校打造成为一所"幸福教育"理念指导下的品牌中学,使之具有一定的社会影响力。

三、幸福课程目标

(一)课程总目标

基于幸福教育理念,丰富学校幸福文化内容,将幸福文化融入教学、渗透课程成为学校教育的内涵。

(二)学生培养目标

结合《中国学生发展核心素养》与学校的幸福教育理念,通过幸福课程实施,培养学生的五大幸福素养,即培养学生的关系感、发展感、获得感、归属感、自我实现感,努力使学生成为阳光健康、淳朴踏实、有志有趣、学有所成的幸福少年。

(三)教师发展目标

为教师课程建设能力、教学研究能力、课堂教学实践能力等方面的发展铺设道路,拓宽教师的视野,转变教师的课程思维,提高教师的教学素养,让教师成为幸福的研究者、创造者、播种者,提升教师职业幸福指数,造就一批专业水平高的优秀教师。

(四)学校提升目标

国家课程校本化实施,是指在坚持国家课程改革纲要基本精神的前提下,学校根据自身性质、特点和条件,将国家层面上规划和设计的面向全国所有学生书面的、计划的课程转变为适合本校学生学习需求的课程,并进行创造性实践。学校应该依据自身和师生的特点,选择、改编、整合、补充、拓展国家课程,使国家课程更符合本校及本校师生的特点和需要,从而促进不同层次的学生在原有的基础上不断进步,让全体学生受益。探索与新课程相适应的校本课程研发机制,构建全面、立体、可持续的人才培养模式，将学校幸福教育理念深度推广，涵养幸福生态，让幸福花朵处处绽放。

第二节　课程体系建构

一、幸福课程构建的理论基础

（一）社会学及心理学基础

马斯洛的需求层次理论认为人的内在力量不同于动物的本能，人要求内在价值和内在潜能的实现，人的行为是受意识支配的，人的行为是有目的性和创造性的。[1]他将人的需求分为五个等级，其中最高层次的需求为自我实现的需要，即人们追求实现自己的能力或者潜能并使之完善化。

米哈里·契克森米哈赖在《心流：最优体验心理学》一书中提出了三个关键词：一是幸福，二是最优体验即心流，三是精神熵。他指出"心流"是指我们在做某些事情时全神贯注投入忘我的状态，在这种状态下，我们会有一种充满能量并且非常满足的感受。他认为幸福源于秩序，心流会让人产生幸福感。生命本身没有意义，而作为个体来说人生的意义就在于寻求意义，赋予生命意义的过程，而这个过程会让人产生幸福感。[2]

诺丁斯教授将积极心理学应用于教育中，他认为尽管幸福不是教育或生活的唯一目的，但它是核心的目的。他认为："好教育就应该极大地促进个人和集体的幸福。"教育活动的其他目的要围绕"为了幸福"这一核心目的来安排，教育的其他目的都是帮助学生间接实现幸福的手段和工具，所以她倡导重视体验、知识与情感交流共在的教育教学活动．

塞里格曼具体阐释了构建幸福的具体方法，他提出，实现幸福人生应

---

[1] 亚伯拉罕·马斯洛：《人的动机理论》，华夏出版社，1987年。

[2] 米哈里·契克森米哈赖：《心流：最优体验心理学》，张定绮译，中信出版集团，2017年。

具有五个元素,即要有积极的情绪(positive emotion)、要投入(engagement)、要有良好的人际关(relationships)、做的事要有意义和目的(meaning and purpose)、要有成就感(accomplishment)。[1]

(二)教育心理学基础

基于这些心理学大师的理论,当代研究者董辉在其论文《积极心理学视角下青少年幸福感研究》[2]中认为青少年幸福感的来源,有以下六个方面:

一是为即时的目标努力。无论这个目标是什么,为目标而努力都会使青少年拥有较好的乐观与自信。

二是自尊的满足。青少年阶段是自尊较为敏感的阶段,这种较敏感的自尊获得满足而产生的幸福感也是青少年幸福感产生的重要方式。

三是成就感的实现。建立在成就基础上的优越感是一种较为健康的自我优越感,对青少年自信乐观心态的形成有不可替代的重要作用。

四是人际互动。于人际互动中的鼓励、表扬、赞美,常常会产生及时性情绪,从而产生幸福感。

五是主观适意性。如果主观与客观的契合度较高,青少年的心态就会处于满意状态,从而产生幸福感。

六是亲情来源。良好的亲情关系有助于培养青少年的感恩之心,从而使其更好地理解什么是幸福,并形成主动把握幸福的能力,对青少年心理健康幸福形成长久的滋养。

二、幸福课程构建的科学调研

为了更有针对性地开展幸福课程,我们通过座谈、问卷调查等方法对学校课程实然和应然状态进行了科学调研。依据调研结果进行数据分析、

---

① 马丁·塞利格曼:《持续的幸福》,赵昱鲲译,浙江人民出版社,2012年。
② 董辉:《积极心理学视角下青少年幸福感研究》,《北京青年研究》2021年第4期。

科学诊断,全面了解学校课程体系状况、教师在学校课程建设过程中的困难与希望、教师的课程意识、教师课程能力、学生对学校课程的满意度、学生核心素养现状,同时通过调查了解学生们最希望学校开设的课程或者活动,教师们认为培养学生核心素养应该开设的课程或者活动以及老师们对学校课程体系建设方面具体的建议等。结合以上调研内容,综合学校办学的育人目标,构建出学校的四个领域课程,初步形成学校幸福课程建设目标和结构。

(一)课程诊断结果——实然状态

1.学校现有课程体系状况

(1)课程管理

题目	N	最小值	最大值	平均值	标准差
学校领导十分重视学校课程建设	78	1	5	4.15	0.898
有效的N(列表状态)	78				

(2)课程设置

题目	N	最小值	最大值	平均值	标准差
我校开设的课程能够满足培养学生核心素养的需求	78	2	5	4.04	0.711
我校开设的课程能够满足学生个性特长的发展需求	78	2	5	4.06	0.762
有效的N(列表状态)	78				

(3)学校育人目标、办学理念、学校特色在课程中的体现

题目	N	最小值	最大值	平均值	标准差
我认为我校要实现的育人目标,在各科课程目标中都有丰富的体现	78	2	5	4.08	0.834
我认为我校的办学理念,在各科课程目标中都有丰富的体现	78	1	5	3.90	0.891
我知道我校的课程理念	78	2	5	4.17	0.796
我会有意识地在课堂上渗透幸福文化	78	2	5	4.31	0.726
有效的N(列表状态)	81				

平均值较低,标准差较大,说明教师对于课程体系的看法不一。因此,在构建课程体系中,应该设置更贴近"幸福文化"的目标,并明确体现在各

科课程目标中。

（4）现有课程板块的合理性

题目	N	最小值	最大值	平均值	标准差
我认为我校设计的"生命""修身""志趣""智慧"四大课程板块科学合理	78	1	5	4.17	0.874
我认为我校设计的"生命""修身""志趣""智慧"四大课程群能够很好地整合三级课程	78	1	5	4.04	0.946
我校设计的四大课程群、八大课程亚群逻辑清晰,便于操作	78	1	5	3.79	0.945
有效的N(列表状态)	78				

从统计数值中看出,平均值较低,标准差较大,说明我们在课程板块设置存在某些不符合实际的地方,亟须完善。

另外,对教师们进行调查,认为学校现在开设的课程中哪些是没有必要的,理由是什么?

78位老师当中有39位老师没有回答或回答没有,5位老师回答不知道或不清楚;24位老师回答学校所开设的课程都有必要,这一部分老师中有1位老师提出"有必要,应增开课程";2位老师提到心理课,理由"没有真正解决问题";1位老师提出校本课程,建议先由学校审核精简化;1位老师提出早读,理由是"学生太早早读,睡眠不足导致学习效率低下";有1位老师回答自习课,理由"自习课分给科任老师上,还不算课时";说话类课程和地方课程均有一位老师提出没必要上,但没有给出理由。通过这些,同样反映出学校目前开设的课程有需要调整的方面,我们需要进一步进行课程的设计与开发。

2.教师在学校课程建设中的困难与希望

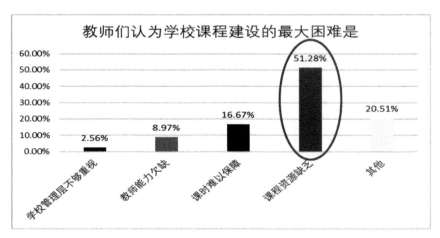

图 2-1　教师调查(一)

如图 2-1 所示,有一半的老师认为学校课程建设的最大困难在于课程资源缺乏,因此"幸福教育"课程体系建设需要解决课程资源不足的问题。

教师们在设计课程时希望的是:

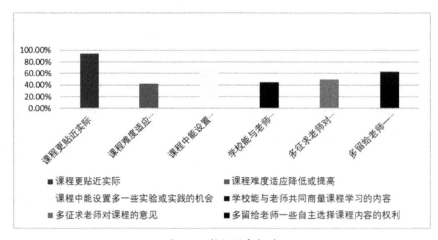

图 2-2　教师调查(二)

从图 2-2 可以看出,老师们在设计课程的时候更倾向于让课程贴近实际,在课程中能设置多一些实验或实践的机会。

3.教师的课程意识

（1）课程目标意识

题目	N	最小值	最大值	平均值	标准差
我认为课程目标的确定非常重要,在实际教学中我也会向学生呈现和展示每堂课的具体课程目标	78	3	5	4.44	0.594
我清楚地知道我所任教学科的课程目标	78	3	5	4.56	0.549
我会经常思考如何在日常的教学中落实学校课程的总体目标	78	1	5	4.35	0.753
在平时的教学中,我会注重"培养孩子获得幸福的能力"	78	2	5	4.40	0.744

（2）课程资源意识

题目	N	最小值	最大值	平均值	标准差
我会主动挖掘当地可以利用的特色资源并将它运用于我的教学中	78	1	5	4.35	0.753
对多数学生感兴趣的问题,我会将它作为课程资源并利用	78	2	5	4.38	0.743
有效的N(列表状态)	78				

（3）课程生成意识

题目	N	最小值	最大值	平均值	标准差
教师可以对课程内容进行创造性处理(例如:选择、拓展、补充、增删)	78	2	5	4.56	0.636
我能根据学生学习成果与预期成果之间的差异调整教学	78	3	5	4.54	0.527
有效的N(列表状态)	78				

　　从这里体现出我们教师都具有较好的课程目标意识、课程资源意识和课程生成意识。

（4）课程主体意识

题目	N	最小值	最大值	平均值	标准差
课程的意义和价值是师生在教学互动过程中生成与建构的	78	3	5	4.62	0.515
学校重视学生需求,从学生发展出发,对课程内容进行选择、处理(例如:选择、拓展、补充、增删),变革学习方式	78	2	5	4.49	0.597
教师本身就是一门课程	78	3	5	4.73	0.475
对于学校课程,普通教师没有多少可以去改变和创造的	78	1	5	3.32	1.278
有效的N(列表状态)	78				

（5）课程评价意识

题目	N	最小值	最大值	平均值	标准差
我会经常对课程本身进行评价并认为这样做的意义很大	78	3	5	4.19	0.685
对课程的学习评价,应采用多元化的评价	78	3	5	4.64	0.534
有效的N(列表状态)	78				

学校给了教师足够的创造空间,但在这一方面,某些教师看法不一致。大多数老师都注重在课程的学习中进行多元化的评价。

4.教师的课程能力

（1）课程目标设计能力

题目	N	最小值	最大值	平均值	标准差
我确立的课程目标在实施过程中几乎没有什么障碍	78	1	5	3.33	1.002
有效的N(列表状态)	78				

（2）课程目标实施能力

题目	N	最小值	最大值	平均值	标准差
我会根据课堂的实际教学情况对教材内容进行重新组织和安排	78	3	5	4.36	1.002
有效的N(列表状态)	78				

(3)课程开发能力

题目	N	最小值	最大值	平均值	标准差
在课程资源开发方面,我有非常丰富的经验	78	1	5	3.24	1.119
我有能力进行校本课程的开发	78	2	5	4.00	0.790
有效的N(列表状态)	78				

　　教师课程目标设计能力还需要很大程度的提高。部分教师认为学校的课程资源、课程开发能力不足,缺乏课程开发经验。

(4)课程反思能力

题目	N	最小值	最大值	平均值	标准差
我具有对教学活动进行回顾、反思、总结的能力	78	3	5	4.49	0.528
我经常进行课程反思并加以改进	78	3	5	4.41	0.673
有效的N(列表状态)	78				

(5)课程评价能力

题目	N	最小值	最大值	平均值	标准差
我了解课程评价的标准与方法,能对课程的目标、内容及实施过程、实施效果进行有效的评价	78	2	5	4.19	0.740
有效的N(列表状态)	78				

　　从这里看出学校的教师比较重视教学活动以及课后的反思环节,具备基本的课程评价能力。这是进行课程建设并在建设过程中不断反思、改进的有力保障。

5.学生们对学校课程的满意度

(1)学习环境

题目	N	最小值	最大值	平均值	标准差
我们学校的学习风气好	1191	1	5	3.98	0.951
我觉得我们学校的校园环境很好,在这里学习和生活我感到很幸福	1191	1	5	4.11	0.887
学校帮助我如何理解幸福、发现幸福和创造幸福	1191	1	5	4.07	0.882
有效的N(列表状态)	1191				

（2）课程管理

题目	N	最小值	最大值	平均值	标准差
我们的课堂能够促进我的参与和我的主动学习	1191	1	5	4.13	0.888
我经常有机会在课堂上发表自己的意见或上讲台展示自我	1191	1	5	3.98	0.976
上课的时候我们经常开展分组讨论和汇报	1191	1	5	4.18	0.908
有效的N(列表状态)	1191				

题目	N	最小值	最大值	平均值	标准差
我对学校提供的教学资源(图书馆、网络资源、教学设施、实验器材等)非常满意	1191	1	5	4.13	0.949
学校开展了丰富的课外活动,能满足我的综合发展需要	1191	1	5	4.01	1.022
有效的N(列表状态)	1191				

（3）课程资源

课堂仍需培养学生的综合素养能力,教师在课堂上应当给予学生更多展示自我的机会。学校教学资源、课外活动需改进,应注意开展更加丰富的课外活动,以满足学生的综合发展需要。

（4）课程设置

题目	N	最小值	最大值	平均值	标准差
学校课程的内容能基本考虑到我们的需求,活动课程的设置有征求我们的建议。	1191	1	5	3.96	1.009
我有机会根据我的兴趣爱好选择我喜欢上的课程。	1191	1	5	3.44	1.310
有效的N(列表状态)	1191				

（5）教师教学

题目	N	最小值	最大值	平均值	标准差
老师的讲课很生动,能激发我的学习兴趣	1191	1	5	4.09	0.952
我们的课堂里常常安排许多有意思的学习活动	1191	1	5	3.92	1.040
大部分老师在课外会耐心解答我提出的问题	1191	1	5	4.36	0.867
大部分老师会关注我的学习状况,给予我学习方法的指导	1191	1	5	4.23	0.906
有效的N(列表状态)	1191				

　　课程和教学仍存在部分问题,需要改进和完善。课程设置应该更加注重学生的兴趣和需要,教师在课堂上应注意安排更多有趣的学习活动以引发学生的学习兴趣。

6.学生的核心素养现状

(1)学习自主性

题目	N	最小值	最大值	平均值	标准差
不用别人督促,我会主动学习	1191	1	5	3.92	0.939
有效的N(列表状态)	1191				

(2)预习习惯

题目	N	最小值	最大值	平均值	标准差
课前我会对将要学习的新课作预习	1191	1	5	3.95	0.945
有效的N(列表状态)	1191				

(3)复习习惯

题目	N	最小值	最大值	平均值	标准差
平时学习过程中我会对前面的知识进行复习	1191	1	5	3.98	0.910
有效的N(列表状态)	1191				

(4)学习准备性

题目	N	最小值	最大值	平均值	标准差
课前我会做好上课准备,如准备好相应的课本、作业本、工具等	1191	1	5	4.32	0.860
有效的N(列表状态)	1191				

　　学生的学习自主性、学习习惯等方面需要加强,良好学习习惯的养成还需要老师在日常教学中进一步的引导与培养。

(5)学习主动性

题目	N	最小值	最大值	平均值	标准差
不用别人督促,我会主动学习	1191	1	5	3.92	0.939
面对新学的知识,我会主动探究,寻找答案。	1191	1	5	3.99	0.907
有效的N(列表状态)	1191				

（6）学习兴趣

题目	N	最小值	最大值	平均值	标准差
我们的课堂里常常安排许多有意思的学习活动	1191	1	5	3.92	1.040
我不喜欢自己花时间去钻研新学的知识,更喜欢老师直接讲解知识点	1191	1	5	3.48	1.907
有效的N(列表状态)	1191				

（7）学习压力

题目	N	最小值	最大值	平均值	标准差
我们的学习任务很重	1191	1	4	3.23	0.710
有效的N(列表状态)	1191				

学生学习的主动性和学习兴趣需要调动,在课程建设过程中应该注意这些方面。多数学生感到学习负担重,我们应在课程设置中注重学生的兴趣和需要,探究有效教学方式,减轻学生的学习负担。

（8）学习的作用

题目	N	最小值	最大值	平均值	标准差
我认为课堂讨论或者小组活动对自己的学习是有帮助的	1191	1	5	4.23	0.884
我们的学习任务很重。	1191	1	4	3.23	0.710
有效的N(列表状态)	1191				

（9）学习归因

题目	N	最小值	最大值	平均值	标准差
我认为学习好不好最主要的责任在于自己	1191	1	5	4.09	0.948
如果我付出必要的努力,我一定能够解决大多数的难题。	1191	1	5	4.25	0.867
有效的N(列表状态)	1191				

(10)学习效果

题目	N	最小值	最大值	平均值	标准差
我觉得我们上课很有效,能够解决我在学习上的疑问	1191	1	5	4.11	0.890
我在学校里经常有获得幸福的感觉	1191	1	5	3.90	1.001
学校设置了多元的评价方式,除单纯的纸笔考试外,也关注到了我的日常表现和活动课上的作品成果等	1191	1	5	4.00	0.957
有效的N(列表状态)	1191				

学生在学习中的幸福感需要提升,因此"幸福"课程亟须推进。部分学生的主观题回答如下:希望课程能更丰富更全面、根据每个人的情况来进行相应的课程建设、多多建设课余活动、在课堂上开展活动、有些节日可以安排一些活动、多一点课外活动……从这里可以看出,孩子们更喜欢多样化的活动与课程,通过活动的开展能更好帮助他们提升幸福感,这也为我们幸福课程的建设提供了可参考的方向。

(二)课程诊断结果——应然状态

1.学生们最希望学校将来开设的课程或者活动(见图2-3)

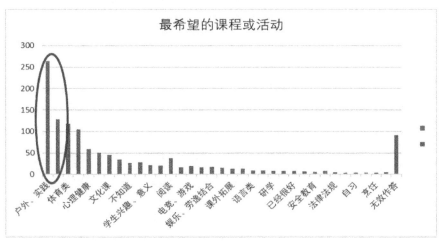

图2-3　学生调查(一)

如上图2-3所示,1191名学生共提到938个课程或活动,剔除无效答案,对课程和活动进行编码统计,对938个课程归纳为户外实践、体育、心理健康、文化课、电竞游戏、休闲娱乐、课外拓展、语言、安全、法律法规等,发现学生最喜欢的课程为户外、实践类课程,另外体育类、心理健康类课程喜爱的学生也较多。

2.为培养学校学生以下素养,教师们觉得应该开设的课(见图2-4)

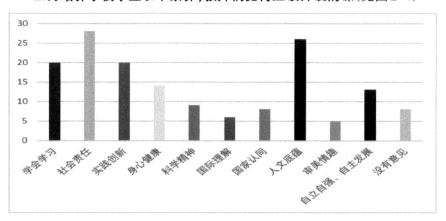

图2-4　教师调查(三)

3.老师们对学校课程体系建设方面有哪些具体的建议(见图2-5)

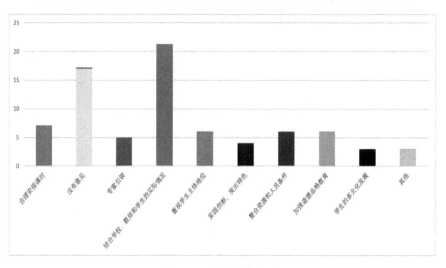

图2-5　教师调查(四)

通过以上课程诊断,综合师生对于课程内容和实施办法的看法,我们得出结果显示,学生们最希望学校将来开展的课程或活动有:户外类、实践类、体育类、心理健康类、文化课、阅读类。老师们认为培养学生的素养应开展的课程为:社会责任类、人文底蕴类、学会学习类、实践创新类、身心健康类。调查还显示老师们对学校课程体系建设方面的三点重要建议有:结合学校教师和学生的实际情况开展课程、合理安排课时、加强道德品格教育。

依据科学诊断分析结果,结合六十九中育人目标—培养阳光健康、淳朴踏实、有志有趣、学有所成的幸福少年,我们构建出学校的四大课程领域:健康审美、人文社会、科学创作、理想信念。从这四个领域对幸福课程进行诠释与架构。

阳光健康就是希望孩子们拥有健康身体、阳光心情、积极心态,这是幸福的必要前提,我们通过健康审美领域的相关课程来实现这一育人目标。淳朴踏实就是希望孩子们品行端正、勤恳务实,这也是六十九中非常重视的学生素养,人文社会领域的课程充分体现了我校对学生这一核心素养的培养。有志有趣就是希望孩子们拥有快乐的生命追求,树立远大的目标,在学习生活中找到自身的价值并为之奋斗。在科学创作课程领域,师生们共同进行探索、创作,探寻科学的秘密,收获学习的乐趣;在理想信念课程领域,教师引导学生认识个人发展与国家、民族不可分割的联系,帮助学生树立远大理想。通过科学创作、理想信念这两个课程领域的学习助力学生实现"有志有趣"这一目标。学有所成则是希望孩子们的认知不断成熟、在行动中体验成功的幸福并有所成就,四个课程领域均能体现这一育人目标。学校四个课程领域各有侧重,但又紧密相连,它们共同围绕幸福这一主题,多方位、多角度培养学生能力,帮助学生成长,让学生收获学习的乐趣与成就,最终收获幸福体验。

学校四个课程领域与学校育人目标关系如下表所示。

育人目标	阳光健康	淳朴踏实	有志有趣	学有所成
课程领域	健康审美	人文社会	理想信念 科学创作	健康审美、人文社会、 理想信念、科学创作

第三节　幸福课程体系

一、课程图谱

图2-6　幸福课程图谱

如图2-6所示，六十九中课程图谱，原型为幸福花。花心是幸福的源泉。上面五个花蕊，分别代表幸福五大核心素养：关系感、归属感、发展感、获得感、自我实现感。绿、黄、蓝、红四色花瓣为四个课程领域。每个颜色中的花瓣都有学校开设的三级课程，其中大花瓣为基础课程（必修），包含国家课程、活动课程、项目课程。每个颜色的小花瓣分别是选修类课程，即个性选修与卓越计划。

二、课程目标

(一)总目标

基于幸福教育理念,丰富学校幸福文化内容,将幸福文化融入教学、渗透课程成为学校教育的内涵。建设课程纲要、教学设计、教学课件、视频、学生资源等幸福课程资源库。

(二)领域目标

1.人文社会领域

(1)知识与技能目标

通过积累、实践和探究,学校积极采用各种方式促进学生对文学和社会的亲近与关注,丰厚人文底蕴,拓宽全球视野,增强创新精神和实践能力。

(2)过程与方法目标

通过收集资料、课堂分享、心得随笔、实践活动等形式,学校在自主活动中拓展学生知识视野,在主动探究、团结合作中构建开放而有活动的课堂形式。

(3)情感态度与价值观目标

通过引导学生了解中华文化的博大精深,学生树立积极正确的人生观、价值观、世界观,增强民族自信心和自豪感。

2.科学创作领域

(1)知识与技能目标

通过学科的融合,了解与周围事物息息相关的科学知识,并能主动应用于日常生活,逐步养成良好的、科学的生活习惯和行为习惯。

通过活动的参与,形成敢于发现问题、探索问题、解决问题的习惯,在探索、研究的过程中,能够由已知到未知,拓展自己的知识广度和深度,获得知识面的提升。

(2)过程与方法目标

通过科学探究活动,能够理解科学探究的特征和主要环节,在日常生活中能积极地利用科学探究方法,制定简单的探究计划,解决遇到的问题。

(3)情感态度与价值观目标

通过科学探究活动以及对科学事物、知识的学习理解,能够珍爱并善待周围环境中的自然事物,初步形成人与自然和谐相处的意识。形成用科学提高生活质量的意识,愿意参与和科学有关的社会问题的讨论与活动。在科学学习中能注重事实,克服困难,善始善终,尊重他人意见,敢于提出不同见解,乐于合作与交流,获得一定的幸福体验。

3.审美健康领域

(1)知识与技能目标

通过实践研究,掌握认识"美"的方法和途径,提升审美能力。

(2)过程与方法目标

通过小组合作、实践锻炼、研学旅行等活动,培养学生创新、实践、动手操作的能力,并开阔学生视野,增强学生发现美的能力。

(3)情感态度与价值观目标

通过体验、感悟,激发学生对自然探索的兴趣,促进学生感受传统文化的魅力,增强学生强身健体的意识,培养学生团结协作的精神,逐渐培养学生五感的获得。

4.理想信念领域

(1)知识与内容目标

通过领域内课程实施,让学生认识到个人发展与国家、民族等方面不可分割的联系,将个人理想、学业、人生方向的设定与国家发展保持一致。

(2)过程与方法目标

通过历史学习、事件分析等环节师生合作、小组活动等形式,形成正确的人生观、世界观。

(3)情感态度与价值观目标

激发学生的爱国情感、文化自信等情感,使共产主义理想信念内化于心,外显于行。

三、三级课程体系

根据学校办学理念、育人目标、文化特色的需要,将幸福课程校本化。幸福课程分为三级课程:基础课程、个性选修课程、卓越计划(见表2-1)。

表2-1 "幸福"课程体系

		健康审美	人文社会	科学创作	理想信念
基础课程(必修)	国家课程	体育、美术、音乐、心理健康、生物等	语文、英语、道德与法治、历史、生物、地理	数学、物理、化学	道德与法治、历史
	活动课程	足球课、绳操、阳光大课间、远足、戏曲进校园、艺术节	阅读课(语文、英语)、户外拓展实践、法制教育基础课程等	创客节	班会、共青团课程
	项目课程	幸福艺动	文化品牌	科学玩转生活	研史铸梦
个性选修课程		环保素养营造绿色家园 树叶艺术社团 棒垒球社团 足球社团 篮球社团 心理剧社团 戏曲社团 合唱社团 绘画社团	墨痕诗香 百家讲坛 走进地标 中华竹韵 郑州的文化遗产 大美河南 魅力中原 中华二十四节气	近数学者,能 奇妙的数学 生活中的物理 百闪创咖 创意飞扬Flash 创咖秀 放飞思维-思维训练 风中精灵 趣味编程scratch	时间的主人、红色研学、志愿者课程:社区服务、敬老院、儿童福利院
卓越计划(选修)		足球队(校队)篮球队(校队)舞蹈队、合唱团、美术班(竞赛方向)	演讲比赛、辩论赛、模拟联合国、升学培优	1.信息奥赛 2.竞赛类社团	省、市、区、校级新时代好少年、校园明星、文明之星、三好学生优秀学生干部等
达成目标:培养学生获得幸福的素养					

四、课程框架解读

(一)课程框架图

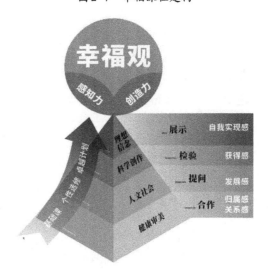

图2-7　幸福课程建构

图2-8　幸福观

(二)课程框架解读

1.框架概述

如图2-7所示,基于前人的研究和我们的调查诊断,我们确立了幸福课程的建构,主要包括以下五项内容:

一个树立:树立学生正确的幸福观。

两个提升:提升学生的幸福感知力和幸福创造力。

三级课程：基础课程、个性选修、卓越计划。

四个课程领域：健康审美、人文社会、科学创作、理想信念。

五大幸福素养：关系感、归属感、发展感、获得感、自我实现感。

树立学生正确的幸福观（见图2-8），是我们幸福教育的目标；提升学生的幸福感知力和幸福创造力，是我们幸福教育的努力方向；三级课程是我们实现目标的途径；四个课程领域是我们幸福教育要贯彻的内容；学生的五大幸福素养是我们实施幸福课程过程中始终要关注的要素，也是幸福教育的最终落实。

2.具体阐述

幸福课程的五个方面回答了关于幸福的五个问题：

一是，一个树立：确定了我们的培养目标，我们要培养什么样的人？我们要培养的是具有正确幸福观的人。他们应有正确的理想信念，有充足的人文积淀，能够关注社会、关注团队、关注他人、关注自身。有科学与创新精神，有健康的审美情趣。

二是，两个提升：怎样的人才算幸福的人？幸福的人应具有幸福感知力和幸福创造力。幸福的人拥有敏锐的感受力，从而能够感知到幸福，获得内心的满足。同时，他们也具备创造幸福的能力，给予周围的人以幸福。幸福感知力与幸福创造力相辅相成。

三是，三级课程：通过什么让学生成为幸福的人？学校教育的教育目标，主要是通过课程来实现的。我们按照课程的类型，将课程分为三类，即基础课、个性选修课、卓越计划课。

四是，四个课程领域：从哪些方面帮助一个人成为幸福的人？健康和审美是我们人生幸福的基础，于是有了健康与审美课程；一个人不是单独的存在，都是社会的人，所以孩子们也要学习人文与社会类课程；孩子们还要掌握一些基本的人类工具去创造，于是科学与创作就显得必要；一个人要能够持续地幸福下去，就需要有坚定的理想信念。

五是，五大幸福素养：具有什么样特点的人才能够变得幸福？一个幸福的人，应当具有良好的关系感，有稳定的归属感，有持续的发展感，有不断的获得感,有自我实现的满足感。

(三)课程实施策略

1.科学筹划,完善实施路径

学校结合《中国学生发展核心素养》与学校的幸福教育理念,经过师生研讨,创新提出幸福课程培养目标为培养五大幸福素养,即培养学生的关系感、发展感、获得感、归属感、自我实现感。将"立德树人""五育并举"的相关理念与五大幸福素养相融合,积极渗入每一模块、每一节的课堂中。课堂上通过"合作—提问—检验—展示"四要素,培养学生的五大幸福素养,形成"五感四要素幸福课堂形态"与"国家课程与幸福教育融合—国家课程校本化—地方资源与课程融合形成校本课程—幸福课堂形态—课堂实践"课程实施路径。

幸福课程实施,教师需要对课程标准进行细化,同时融入学校幸福教育理念与幸福课程要素,加强课程实施的具体性。明确学习课堂要素和目的,可以帮助学生了解经过每一阶段的学习,他们需要懂得什么,学会什么。

2.创新形式,实施三级课程

幸福课程中的三级课程是基础课程、个性选修课程、卓越计划。基础必修课程按班级授课模式进行,个性选修课程和卓越计划实行走班制教学模式。针对个性选修课程,学校在学期开学前一周,发布《选课指南》,供学生选择。学生根据《选课指南》,结合自己的兴趣爱好填报选课志愿表,填写两个志愿。为便于统筹安排,每位学生可选报两个专题,教务处对学生的志愿表进行统计汇总。根据选课情况制订校本课程开设计划。上课采用走班教学,管理采取行政班与教学班相结合的方式。教师或教师小组根据学校安排,在指定地点组织开展教学活动。针对卓越计划,根据学生的兴趣爱好和能力特长,对某些方面有专长的学生或团队进行单独辅导,以促进学生发挥特长,追求卓越。

3.优化资源,满足学生需求

学校以开发课程资源、扩展课程资源为己任,提倡学生学会学习、学会创新,加强课程资源与科学技术、社会发展、日常生活的联系。充分利用网络资源,优化教学内容,为学生提供全面充足的课程资源,满足学生的学习需求。

幸福课程构建了四个课程领域,五十八门校本课程。校本课程随着社会发展以及学生需求会有所增减和完善。其中,开发与实施的特色课程,根据课程内容归属不同课程领域。例如,理想信念领域的校本课程主要针对生涯启蒙与职业理想等,正面引导学生思想发展和职业体验。科学创作领域承担的综合实验实践课程,满足了学生学术启蒙和创新探究的需求。各领域根据学科性质结合学科素养、学生需求、学生兴趣进行校本课程开发与实施。四个领域系列课程目前已按计划进行实施,丰富的内容、多样的形式得到孩子们的青睐,每个孩子都有所收获,有所成长。

除此以外,学校还积极开发综合实践活动课程,学校每学年组织学生集体参加校外社会实践活动不少于两次,如赴鄂尔多斯等地的研学活动、儿童福利院的献爱心活动、参观革命根据地的红色教育活动、走进地标的本土文化教育活动,这些丰富的综合实践课程在促进学生整体素质发展的同时,也极大地促进了学校幸福课程的创新与发展。

4.多元评价,助力学生个性成长

学校根据课程目标确立评价准则,采用多种评价方式。开发幸福教育问卷量表,检测课程实施效果,即使调整实施策略。同时构建课堂评价体系,开发课堂评价量表,运用到课堂观察中。教师授课中及时适当对学生进行鼓励、赞赏,使学生体会到自信和成功,从而激发学生的学习热情,进而积极主动地学习,愿意多学多交流,突出了学生在课堂的主导地位。校本课程针对不同课程内容科学制定与之相适应的评价形式。从微观到宏观、从具体到整体都进行评价方式的建构。在评价主体、评价内容、评价方法和评价时机等方面进行的一系列的转变,更好地体现评价的功能,更好地促进学生全面与个性发展。

五、课程设置及安排

按课程性质分为国家课程、地方课程、校本课程三类。

国家课程有：道德与法治、语文、数学、英语、历史、地理、物理、化学、生物、体育、美术、信息技术、劳动技术。

地方课程有：安全教育、心理健康、省情礼仪、书法艺术。

校本课程有：人文社会、科学创作、健康审美、理想信念。四个课程模块共五十八门校本课程。

郑州市第六十九中学2021–2022学年课程表

星期一

		七年级										八年级									九年级					
		1	2	3	4	5	6	7	8	9	10	1	2	3	4	5	6	7	8	9	1	2	3	4	5	6
上午	1	英	语	语	英	英	语	数	英	语	数	语	英	数	英	英	语	数	英	数	数	语	英			
	2	语	校	地	英	语	英	语	数	英	语	英	语	数	语	英	语	地	数	英	数	英	美	数	语	
	3	历	数	数	地	政	数	政	地	校	历	校	数	英	英	校	体	数	综	英	历	历	心	语	政	数
	4	数	地	综	数	数	体	数	综	心	校	数	综	生	历	数	历	综	数	历	校	心	美	化	综	心
下午	5	美	综	体	综	省	校	音	数	物	化	体	省	综	校	体	生	心	音	校	化	美	历	物	体	综
	6	生	体	省	校	美	音	生	校	综	物	物	体	心	生	物	物	美	物	生	物	化	物	体	化	物
	7	体	音	心	生	综	生	体	生	体	综	综	生	省	体	综	综	体	地	体	综	物	化	综	校	化
	8	书法/健康教育																								

星期二

		七年级										八年级									九年级					
		1	2	3	4	5	6	7	8	9	10	1	2	3	4	5	6	7	8	9	1	2	3	4	5	6
上午	1	数	英	英	数	语	英	数	数	语	英	政	语	数	数	政	英	语	英	数	英	语	英	数	语	
	2	语	语	数	语	数	英	语	英	语	数	英	语	数	数	语	数	语	语	英	英	数	音	校		
	3	生	政	语	校	英	校	语	校	历	物	综	政	英	校	综	数	校	数	校	政	综	物	语	英	数
	4	政	数	校	体	历	数	综	体	数	化	综	政	体	物	地	省	英	心	物	综	物	化	省	物	体
下午	5	地	历	美	音	生	综	体	英	物	体	生	校	物	音	生	物	历	历	音	校	化	体	化	历	综
	6	综	体	历	心	心	历	美	音	生	省	历	历	音	政	历	地	物	体	政	化	体	省	政	化	物
	7	体	综	综	政	体	省	历	政	省	综	体	音	历	综	体	政	体	生	综	体	省	综	综	体	化
	8	校本课程（必修）																								

星期三

		七年级										八年级									九年级					
		1	2	3	4	5	6	7	8	9	10	1	2	3	4	5	6	7	8	9	1	2	3	4	5	6

续表

时段	节次	七1	2	3	4	5	6	7	8	9	10	八1	2	3	4	5	6	7	8	9	九1	2	3	4	5	6
上午	1	英	语	语	英	语	语	英	语	数	英	数	英	数	语	英	语	数	语	英	数	语	英	历	英	化
	2	语	生	英	数	语	数	英	数	数	英	综	英	地	英	数	英	数	地	英	语	数	语	数	历	化
	3	数	数	生	英	地	综	数	历	综	数	语	数	综	数	语	历	生	英	数	数	英	历	校	物	音
	4	历	英	数	历	数	地	校	英	地	综	省	物	政	综	省	英	校	物	综	综	音	英	物	英	数
下午	5	省	校	体	省	生	美	生	综	政	美	综	地	校	省	综	体	政	校	省	美	历	体	体	综	省
	6	综	历	政	综	体	政	地	省	校	心	美	历	地	体	美	美	地	综	体	心	体	综	综	省	历
	7	音	地	校	生	综	体	心	生	美	体	体	历	体	校	综	政	历	体	校	综	音	历	语	政	历
	8	人防/安全																								

星期四

时段	节次	七1	2	3	4	5	6	7	8	9	10	八1	2	3	4	5	6	7	8	9	九1	2	3	4	5	6
上午	1	语	英	英	数	英	语	英	数	英	英	英	英	语	数	语	英	语	数	数	英	语	数	英	数	数
	2	英	语	语	数	英	语	综	数	语	物	数	语	数	语	英	英	语	物	数	语	数	英	语	数	综
	3	数	生	综	语	语	地	数	语	英	语	语	数	英	英	数	语	英	语	校	政	音	语	美	语	校
	4	综	数	数	体	生	数	政	政	物	音	校	物	地	物	历	校	体	体	物	音	政	综	体	综	校
下午	5	生	体	历	政	校	历	生	体	政	历	音	政	历	政	生	音	物	政	历	校	校	政	物	物	体
	6	体	生	音	美	政	生	体	综	生	政	综	综	美	生	政	综	地	省	生	政	体	物	心	校	历
	7	校	政	生	综	历	体	地	美	地	化	政	体	物	地	地	政	音	生	地	化	物	体	历	政	综
	8	校本课程（选修）																								

星期五

时段	节次	七1	2	3	4	5	6	7	8	9	10	八1	2	3	4	5	6	7	8	9	九1	2	3	4	5	6
上午	1	数	数	数	历	语	英	数	历	英	数	英	语	数	数	英	语	数	数	数	英	语	数	数	语	数
	2	英	综	英	数	综	数	英	数	地	语	数	校	生	英	数	心	省	综	英	数	综	英	英	美	英
	3	语	心	地	体	数	政	语	心	语	英	语	体	校	心	语	综	语	政	心	语	英	综	校	综	物
	4	校	英	体	语	体	语	综	语	体	综	校	数	体	美	校	数	综	语	美	综	政	化	化	英	体
下午	5	政	美	语	英	校	生	历	体	政	省	物	生	语	体	物	体	历	校	体	省	数	校	综	心	政
	6	地	语	生	生	地	心	省	生	历	物	心	美	综	语	心	生	政	体	语	物	校	政	语	体	语
	7	心	省	政	地	音	综	校	地	数	体	音	心	政	综	音	地	生	美	综	体	化	语	物	化	综
	8	班会																								

	【备注】校本课程包含"人文社会""科学创作""健康审美""理想信念"必修课程及选修课程,周二为必修课程,周四为选修课程。 综合实践课程:七八年级为信息技术、劳动技术、社会实践;九年级为社区服务、劳动技术、社会实践、研究性学习。 "省"指"省情/新科技"

第三章 特色课程 添砖加瓦

第一节 基于核心素养的跨学科主题课程建构

一、基于核心素养的跨学科主题课程建构的背景

2014年教育部印发的《关于全面深化课程改革，落实立德树人根本任务的意见》将"跨学科主题教育教学"列为要着力改革的关键领域和主要环节之一。随着《义务教育课程标准（2022年）》的颁布与实施，跨学科教学已经是未来教育改革的一大重点。新课标规定，各门课程用不少于10%的课时开展跨学科主题学习。

跨学科主题课程是以综合、发展、全面的眼光来设立评价指标的，它的最终目标是学生的终身学习能力和跨学科素养的提升，这符合核心素养的内涵：使每一名学生获得成功生活、适应个人终生发展和社会发展都需要的，不可或缺的共同素养，关注学生的综合表现、可持续终身发展。

跨学科主题课程的开发遵从"以生为本"的理念，以学生为逻辑起点，促进学生全面而有个性的自由发展，并随时根据发展需求改变课程，二次开发课程。课程开发由自发引向自觉和自主的行为，使教师专业发展成了构建校本课程的必然追求，而学校特色的形成就成了构建校本课程的自然

追求,培育学生的核心素养应是构建校本课程的最终价值追求,培养学生的核心素养成为"课程设计的DNA"。

"跨学科课程整合不是一个结果,而是一个过程"。我国在实施综合学科课程时,在新一轮课改中遇到了不少阻力,并未得到广泛的认可,一些教育改革实验区也相继退出这种课程形式,最终回归于分科课程。在探索综合课程的道路上,的确还有很多问题需要解决。在知识信息迅速增长的今天,课程的综合化是必然趋势。而核心素养的发展具有长期性,它不可能依靠单项学习活动来培养,而且每类核心素养也无法与某项学习活动完全一一对应,素养的发展需要借助活动的连续统一予以实现。但这并不意味着只要开展一系列学习活动就可以了,问题的关键在于,学习活动所构成的任务结构与素养赖以体现的目标情境中的问题解决具有相似性。即是说,完成当前任务所需的技能或能力,与学生在未来专业领域或现实生活情境中的问题解决,在深层的反应机制上是一致的。由此出发,寻找合适的任务成为基于核心素养的课程整合设计的关键,它连接着理念与现实,影响着课程整合设计的质量,恰当的任务解决才能发展课程的行动框架,使得课程所选择的文化通过该框架,有转换为学生的技能和素养的可能。

核心素养在当前世界各国的教育改革中越来越受到重视,我国也在加紧研究关于核心素养的课程改革,核心素养教育目标的实现必须依托于课程改革。核心素养是一种"高级素养",其原因有:一是核心素养是跨学科的,高于学科知识;二是素养是综合性的,是对知识、能力、态度的综合与超越。我国学者刘定一把跨学科课程界定为:超越学科界限,以实际生活中的主题来组织课程,学生从中习得各种各样的知识、经验、技能的课程。[1]跨学科课程涉及的面非常广,且类别多,注重知识的整合和学生未来发展。而我们所期待的教育是:从学生成长和发展的角度,不局限于某门学科知识,而应该关注人的长远发展,去寻求课程与教学的改进。核心素养的核心——人的全面发展,这一目标到底需要什么课程来实现,这是课程问题的核心。

---

① 李宇星:《核心素养下我国跨学科课程设置的思考》,《考试周刊》2017年第61期。

学校要严格按照有关要求开足开齐国家课程，并结合学校实际情况进行校本化实施。随着国家《义务教育课程标准（2022 年）》的颁布与实施，六十九中在华南师范大学左璜教授的引领与指导下，学校完成两种课程的设置：一是学科课程，二是跨学科课程。学科课程是基于学科的逻辑体系开发的，目的是要让学生掌握学科知识的间接经验。跨学科课程是学生获得直接经验的过程，它关注的是学生面对真实世界时的真实体验和直接经验，是以社会生活统合和调动已学的书本知识为基础。跨学科课程有利于学生获得对世界完整的认识，有利于培养学生的创新精神和解决实际问题能力。基于以上背景，为了更好地落实核心素养，学校构建了基于核心素养的跨学科主题课程。

二、基于核心素养的跨学科主题课程建构的意义和价值

随着中国学生核心素养的颁布以及《义务教育课程标准（2022 年）》的实施，基础教育课程的目标从强调知识转向强调对学生能力和品格的培养，核心素养下的课程建设也从以学科为载体的课程转向对于学生全面发展的课程，强调课程之间的整合与融合。跨学科主题教学既是教师提高教学效率以及培养学生核心素养的有效手段，也是学生学习、巩固以及拓展知识的最佳途径。它契合课程标准的基本理念，而且符合国内外教育改革的大方向以及课程的特点。

跨学科学习活动有利于打破传统分科教学的界限。跨学科学习活动不仅将教与学一体化，而且将不同学科的知识进行交叉融合，使学科知识更加系统和完善，打破了传统教学中知识间的壁垒，因此它侧重于弱化不同学科之间的区别和界限，从而使多门学科在教和学的进程中融会贯通。跨学科学习活动利于将深奥难懂的学科知识简单化，降低学科领域的难度要求，进而起到激发学习者学习兴趣的效果，帮助学习者更好地完成知识的建构和综合素质的全面提升。

当下，六十九中课程改革已经突破特色课程建设的初级阶段，进入学校课程的整体建构阶段。跨学科主题课程是学校基于"幸福教育"理念的

对国家课程、地方课程、校本课程的重新设计和组合,是促进教师整体专业发展和综合素质提升的"催化剂",是学校课程发挥整体育人合力、涵养幸福教育生态的重要"助推器"。

三、基于核心素养的跨学科主题课程建构的原理

教育部2001年颁布的《基础教育课程改革纲要(试行)》规定,初中阶段,设分科与综合课程,从小学至高中设置综合实践活动课程并将其作为必修课程。

依照这一课程方案,基础教育阶段的课程有分科课程、综合课程两类,有十八个分科课程,三类综合课程。三类综合课程包括义务教育阶段和普通高中都设置的综合实践活动课程、校本课程以及普通高中增设的学科选修课程。

三类综合课程依照学生的兴趣、特长发展的需要开设,以学生学习能力、学科知识的综合应用为基础。课程的内容或由课程编制者,或由学生自己从社会生产、生活实际中选择需要了解、探索、研究的课题,组织成一系列学习活动来实施。三类课程打破了学科间的界限,开展探究学习。学生在学习过程中可以从不同学科的观念、思想看待、分析事物,运用不同学科的基础知识、学科方法和思维方式,渗透、融合,结合实践活动,开展学习。在尝试问题解决的过程中习得新的知识,提高分析、解决问题的能力,提升关键能力和科学素养。

许多专家的研究成果和我国的教育实践证明,基础教育阶段分科课程与综合课程具有互补性,有益于学生打好基础,有益于学生的个人发展,有益于学生更好地适应社会。

分科课程以学科知识及其发展趋势为基点,以学科知识为本,形成知识结构相对完整的课程体系。分科课程较好地体现了课程的专业性、学术性和结构性。各个学科从不同视角阐述、并向学生传授人类对自然、对社会发展的基本认识。学生从分科课程中了解不同学科的思维框架,形成稳固的知识结构,有效提高了对自然、人类社会发展、人的生产、生活实践活

动的认识能力，为后续的专业学习、专门技能的培养、训练打好基础。

但是分科课程强调本学科的知识系统和结构，不同学科彼此割裂，容易忽视不同学科间的联系；不同学科对一些问题从不同的视角做不同的诠释，限制了学生的视野，束缚了学生思维的广度，影响学生对现实中的事物和问题的理解。分科教学过分强调学科文本知识的学习，会忽视社会生产、生活的现实需要，忽略学生经验和生活实际、认识和能力发展的需要，不利于学生发展核心素养的培养。随着社会的发展，科学技术的进步，各门类科学间的交叉、融合与渗透加剧，同时，学科的划分又进一步细化、更加专业化。

综合课程的设立，有的以现行的学科界限为基础在保持原学科独立性的基础上，以学科之间的共同点为纽带，把各学科内容相互联系、相互照应、穿插进行。有的不考虑学科界限，根据新的理念，重构课程框架，将若干相关联的学科整合成一门有较为广泛的共同领域的课程。综合课程要运用跨学科教学，在现行分学科的基础上以涉及多门学科的，较为复杂的综合性的现实问题为中心设计教学，基于问题的分析、探索和解决，寻找学科间的本质联系，融合不同学科的知识、思维方式和研究方法，解决问题。

正如叶澜教授所指出的"基础教育用全人类的知识，以学科的方式传递给学生，学生的知识结构、思维能力，以及对知识的热爱、兴趣、好奇、深入研究等，都在此过程中得到培养。如果丢了这些基础性学科的教学，那就忘了何谓'基础教育'"。"一定要明白基础教育的基础性是什么，再怎么改革都不能把基础教育的基础性改掉"[1]。

当前中小学核心课程中分科课程的比重大、课时紧，升学压力大，学生学习负担重，选修课程、校本课程、综合实践活动课程开设的师资力量相对不足，教学资源较为短缺，实施、评价难度大。因此，学校开好、开足规定的分科课程、综合课程(包括综合实践活动课程)，努力创造条件开设选修课程和校本课程，尤其是要落实综合实践活动课程的基础上，探索跨学科实

----

[1]叶澜：《如何研究基础教育改革的中国经验和中国话语》，华东师大基础教育改革与发展研究所，2019年。

践性研究型课程的开发实施是必要的,也正当其时。基于以上原理,六十九中在幸福课程建设中展开跨学科课程开发。

四、基于核心素养的跨学科主题课程建构的开发原则

(一)实践性原则

注重实践是跨学科主题课程的本质特征,学生需要通过"做中学"来操练跨学科技能,以实践为依托将知识技能内化和外化。跨学科主题课程是与学科课程相对应的活动课程,强调以学生的直接经验为中心,以活动为主要形式,强调学生亲身参与并经历各项学习活动。跨学科主题课程实践活动的设计,要以学生为中心,关注学生的兴趣和需要,要基于"知行合一"理念,注重学生在实践性学习活动过程中的感受和体验,亲身经历实践过程,体验实践活动,发展学生的实践能力和创新精神。

六十九中"幸福艺动"课程之"幸福奥体"模块采用了实践性原则,让学生走出校门,实地考察奥体中心,做到知行合一,理论联系实际。本课程涉及的学科有体育、音乐、美术等,实现跨学科的融合。

(二)综合性原则

综合性是学科实践活动课程的基本特征,强调以有意识地运用两种或两种以上学科的知识和方法综合考察或以探究一个中心主题或问题为取向。综合性原则强调要超越学科中心,加强学科之间的融通与互动,开展跨学科的主题学习、项目学习,培养学生综合运用各学科知识的能力。其目的在于帮助学生建立综合学习与实践的意识,掌握综合性学习的方法,形成综合能力,培养全面发展的人。

六十九中"科学玩转生活"课程之食品营养与健康模块,涉及物理、化学、营养与健康等在内的多门学科,体现综合性原则。"研史铸梦"课程也体现了综合性原则,将历史、政治学科与校史进行有机融合,综合呈现,全方位落实立德树人教育目的。

（三）开放性原则

跨学科主题课程超越了封闭的学科知识体系和单一的课堂教学的时空限制，在课程开发主体、课程目标和内容方面具有开放性。同时，跨学科主题课程强调学生走出教室，把学生放在真实情境中，解决真实的问题，让学生完整地学习。因为是在开放的社会生活中进行学习，其学习活动的方式与过程、评价与结果均具有开放性。

学校在开发校本课程的过程中，基于核心素养目标，本着为学生终身发展负责，在幸福教育理念下，采取兼容并包、百花齐放的课程设计理念来开发课程。例如，校本课程开发所涉及的领域既有理科学科，又涉及人文学科，巧妙融入思想道德建设要求，开展思政教育。结合学生实际，抓好学校教育主阵地，又利用好社会这个大学校，带领学生走出校门，拥抱社会，开阔视野。

第二节　基于核心素养的跨学科主题课程开发

跨学科主题课程遵从"以生为本"的理念，符合核心素养的内涵，而核心素养教育目标的实现必须依托于课程改革。核心素养下的课程建设，强调课程之间的整合与融合，跨学科主题教学，契合课程标准的基本理念，符合国内外教育改革的大方向以及课程的特点。

学校特色课程建设是现代学校改革发展的重要内容，是一所学校相对于其他学校课程而显示其独特办学理念和品质追求的优质课程，也是学校特色教育赖以完整支撑、最具个性和教学优势的品牌课程。特色课程往往与学校的特色发展及特色办学理念积淀相伴共生，并逐渐固化为学校课程体系中既有独特性、优质性，并相对固化的传统课程，它可以是相对独立的几门课程，也可以是相对融合的特色课程群。

学校特色课程实施与学校特色发展紧密相连，互为犄角，相得益彰。一是从教育本质看，学校特色发展的主要支撑、载体、途径就是课程；二是学校的长远发展之道在于彰显有特色、差别化的个性化办学。走多样化、品牌化发展之路,最有效的办法便是从学校所处的实际出发,充分利用有利的办学条件、挖掘优质的课程资源等;三是国家课程的校本化实施与学校特色课程建设,既是一所学校提升质量的需要,也是实现质量提升的重要保障。只有通过特色课程、校本课程的开发和实施,才能培养学生强大的学习力和丰厚的学科核心素养,开发学生的学习潜能和多元智能,发展其优长领域,为其个体生命走向卓越奠定基础。

2016年9月,国家发布的《中国学生发展核心素养体系》有着明确的目标指向和积极的价值导向。六十九中在仔细研读新课改的实施纲要以及国内关于落实核心素养的一些研究报告之后,结合学校的办学理念、办学思路进行了反复思考。我们认为,教育的首要目标不仅仅是让学生在学校中表现出色,更是为了助力他们在走出校园后的可持续发展,这是提出核心素养的根本目标所在。对学校而言,除了国家规定的课程外,更应关注学校特色课程的建设,开展跨学科主题教育教学活动,将相关学科的教育内容有机整合,让课程改革落到实处,让核心素养落地生根。

作为一所具有五十年校史的初中学校,六十九中根据自身的文化特质,依据学校的办学特色,在课程建设方面进行了探索。学校的课程方案以国家教育方针和课程改革实施纲要为指导,在统一规划的基础上,从国家课程、地方课程、校本课程进行架构,形成了六十九中特有的"幸福教育"理念下的特色课程体系。

根据学校实际以及华南师范大学左璜教授的指导,六十九中把特色课程分成三种:特色必修课程、个性选修课程、卓越计划课程。其中特色课程分成了四大领域,分别是:健康审美、科学创作、人文社会、理想信念。经过一学年的开发、探讨、实践,目前四个领域都分别开发了相应的特色必修课程:健康审美组的"幸福艺动"、科学创作组的"科学玩转生活"课程、人文社会组的"文化品牌"课程以及理想信念组的"研史铸梦"课程。这四大特色必修课程也都有属于自己的课程理念。

一、特色课程开发模式

在四大特色课程开发之初,我们以打破学科壁垒,进行学科融合为目的,以学科教研组为单位,分学科分年级梳理了学科知识能力点在生活中的应用,以及与其他学科知识的对应点,以表格的形式对初中阶段学科知识能力点与学科融合点进行提炼。这样的梳理过程使教师对初中阶段学科知识体系有了更清晰的认识,是对课程标准理解的再深入。但是这种以打破学科壁垒的课程目标不成体系,很难形成有序列的校本课程。

2016部编版人教版七年级上册语文学科知识能力点梳理表

序号	课本目录	知识能力点	在生活中的应用	还会涉及哪些学科知识
1	《春》朱自清	1.概括春日图景;2.童趣与诗味的语言;3.朗读的重音与停连;4.比喻修辞。	朗读技巧	
2	《济南的冬天》老舍	1.概括济南冬天的特点;2."理想的境界"具体体现;3.拟人修辞。		地理:济南"温晴"的特点
3	《雨的四季》刘湛秋	调动人的感官(视觉、听觉、嗅觉等)		
4	古代诗歌四首《观沧海》曹操《闻王昌龄左迁龙标遥有此寄》李白《次北固山下》王湾《天净沙秋思》马致远	1.四言古诗质朴刚健、音调铿锵的特点;2.景物描写的作用;3.对偶;4.想象画面;5.明月与思乡	对联(对对子)	历史:曹操的历史形象与文学形象
5	《秋天的怀念》史铁生	1.题目的作用;2.细节描写;3.理解关键句;4.品味加点词的情感;5.分角色朗读	分角色朗读	北海、秋菊
6	《散步》莫怀戚	1.题目作用;2.语句深层意蕴;3.景物描写作用;4.对称句;5.感情基调	尊老爱幼	政治:尊老爱幼
7	散文诗二首《金色花》泰戈尔《荷叶母亲》冰心	1.语言简洁、清新、细腻;2.从日常生活撷取细小物象	观察细微事物	印度文学及《罗摩衍那》
8	《世说新语》二则《咏雪》《陈太丘与友期行》	1.理解古文大意;2.理解方正;3.谦称和尊称	生活中的称呼(尊称与谦称)	历史:古代称呼语、人名与字号、官衔;魏晋风流
9	《从百草园到三味书屋》鲁迅	1.概括与思路;2.选材合适;3.人物形象;4.景物描写方法;5.儿童视角与成人视角		
10	《再塑生命的人》海伦凯勒	1.叙事中穿插抒情或议论;2.关注揭示主旨的标题;3.文章与标题的照应	理解残疾人	政治:残疾人的疾苦
11	《论语》十二章	1.理解文意;2.古籍的现实意义		
12	《纪念白求恩》毛泽东	1.段落间的关系、段落内的层次;2.对比突出人物精神;3.语言特色:双重否定、铺陈排比。		历史:国际共产主义
13	《植树的牧羊人》让乔诺	1.时间顺序概括内容;2.人物形象		地理:环境保护
14	《走一步再走一步》莫顿亨特	心理描写	化整为零	
15	《诫子书》诸葛亮	1.理解课文;2.朗读节奏与韵律		历史人物:诸葛亮
16	《猫》郑振铎	1.用表格梳理内容;2.行文结构与标志语;3.多种修辞综合运用;4.人与动物的关系		政治:人与其他动物和谐共存
17	《动物笑谈》康拉德劳伦兹	1.语言风趣幽默;2.科学精神与素养	观察动物	生物:动物习性
18	《狼》蒲松龄	1.理解课文;2.文言文改编为白话文;3.狼的传统形象		
19	《皇帝的新装》安徒生	1.快速阅读,复述情节;2.童话的讽刺意味	复述故事	英语:英译与中译对照
20	《天上的街市》郭沫若	联想与想象		
21	《女娲造人》袁珂	神话的想象		造人神话
22	寓言四则《赫尔墨斯和雕像者》《蚊子和狮子》出自《伊索寓言》《穿井得一人》出自《吕氏春秋》《杞人忧天》出自《列子》	1.寓意;2.寓言改编;3.思辨:杞人忧天的讽刺与忧患意识	辨识谣言、恰当的忧患意识	政治:谦虚、低调;西方神话
	课外古诗词诵读《秋词》刘禹锡《夜雨寄北》李商隐《十一月四日风雨大作》陆游《潼关》谭嗣同	1.理解诗意		历史:南宋武备、古代关卡
	名著导读《朝花夕拾》:消除与经典的隔膜	1.理解内容		
	名著导读《西游记》:精读和跳读	1.读书方法		
	课外古诗词诵读《峨眉山月歌》李白《江南逢李龟年》杜甫《行军九日思长安故园》岑参《夜上受降城闻笛》李益	1.理解诗意		历史:安史之乱、唐代的漫游、军功

　　课程项目组老师集体学习跨学科课程理论知识，明确了跨学科的课程开发，是以问题研究问题，以任务为驱动形式展开跨学科整合课程构建。我们在专题学习现场，根据不同的领域分组，策划本领域跨学科小课题，模拟在研究问题时将对应学科资源提供给学生去综合运用。

　　在明确跨学科课程的基础开发路径后，项目团队老师根据初中阶段学生有待提高的能力点，结合学生在各发展阶段的特点和心理需求，反复研讨课程框架，并使用思维导图科学构架本领域课程框架，用一条脉络贯穿起来，把实践内容和要培养的核心素养联系起来，形成具体可操作、可落实的各领域框架图，进一步开发课程具体实施操作细节。例如：人文社会组特色课程"至圣先哲——孔子"，学生在七年级上册第12课，已初步接触了《论语》，感受到孔子的圣人光辉。进一步了解孔子，可以树立榜样的力量，使学生从先贤身上学习修身、治学、为人的可贵经验，汲取营养，完善自身。又如"大国名医——仲景"，中医传统文化历史悠久，博大精深，经过几千年的临床实践，如今中医的发展也进入了快车道，其中贡献尤为突出的伟人如张仲景、李时珍等，他们对中医的贡献以及追求真理的精神都是值得后人学习和发扬的，并且对于推动社会主义建设乃至中华民族的全面复兴都发挥着不可替代的作用。再如"丝绸之旅——张骞"，丝绸之路的开拓者张骞出使西域，加强了东西方的贸易，使东方文化更好地传播到西方，也把西方文化带到了中国。郑和，商业贸易的开拓者，海上丝路开拓者。郑和下西洋，促进了中国走向世界，加强了和世界的联系，并把中国文化传向世界。选择这两个人物，并与"一带一路"相结合，便于学生了解民族文化内涵，继承传统优秀文化，增强民族自信心与自豪感。

　　根据学校学生的学习成长和兴趣爱好的需要，学校组织教师、教师团队以及学生等个人或团体对特色课程进行开发，主要采用以学生为主体的开发模式。

　　课程开发的基本流程是（见图3-1、3-2）：第一步，学校根据学生学习成长的实际情况和学校的办学条件设计校本课程的调查问卷，让学生详细地填写调查问卷，进行深入细致的调查；第二步，学校组织教师统计学生调查问卷,学校根据学生调查问卷的结果,组织教师、教师团队、学生以及学者专家等个人或团体组成校本课程开发小组认领校本课程开发模块;第三步,由校本课程开发小组进行专题研究,做好校本课程开发的所有准备工作;第四步,开发小组自己或由学校为其聘请专业指导教师,校本课程开发小组合作开发校本课程模块;第五步,在校本课程模块开发结束后,组织教师集体展示所开发的校本课程,学校组织有关专家、教师、学生对特色课程进行座谈,对开发小组开发的校本课程进行点评,并有针对性地提出修改完善的意见和建议;第六步,由参与校本课程的教师根据评委会提出的意见和建议,开发小组进行深入细致的修改,然后定稿。

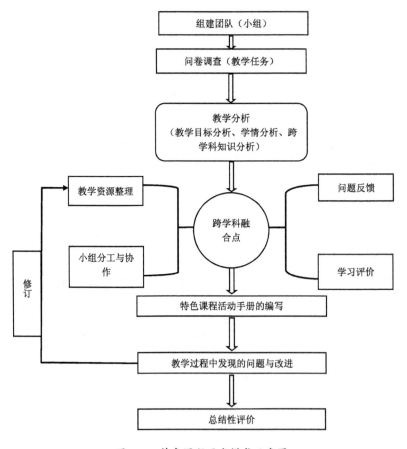

图3-1　特色课程开发模式示意图

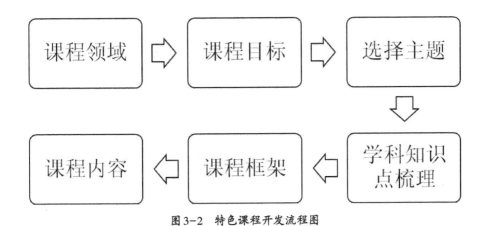

图3-2 特色课程开发流程图

例如,理想信念组"研史铸梦"课程根据国家历史文化、河南特色历史文化、学校校史文化、德育教育素材等资源进行重整。课程框架涵盖初中三年:七年级开展"研校史、畅青春"两个模块;八年级开展"品文化、聚能量"两个模块;九年级开展"铸信仰、绘蓝图"两个模块。每个年级的第一个模块是通过学习将校史、历史、文化、政治内化为学生自身的精神与素养。内容设置层层递进,贴近学生的生活,符合年龄特征。第二个模块是将内化的精神与素养,用外在的语言与行动表现出来。课程内容将每个年级的思想特点与班会、心理课结合。每一个模块都结合学生所在年级的年龄特点、知识层面进行了有针对性的,可操作的单元设计(见图3-3)。

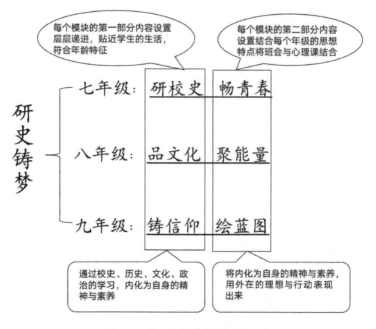

每个模块的第一部分内容设置层层递进,贴近学生的生活,符合年龄特征

每个模块的第二部分内容设置结合每个年级的思想特点将班会与心理课结合

研史铸梦

七年级:　研校史　畅青春

八年级:　品文化　聚能量

九年级:　铸信仰　绘蓝图

通过校史、历史、文化、政治的学习,内化为自身的精神与素养

将内化为自身的精神与素养,用外在的理想与行动表现出来

图3-3　"研史铸梦"课程框架图

二、学校四大特色课程

(一)健康审美组特色课程

1.课程名称:幸福艺动

2.课程简介

本课程分为三个模块,分别是"幸福奥体""幸福戏曲"以及"幸福律动"。课程融合了多个学科类别,涵盖了体育、音乐、美术、生物等学科知识。我们深知只有将幸福课程与校园文化融合,与学校特色结合,与现有课程整合,它才能在学校中生根发芽,开花结果,这列幸福列车才能实现平稳运行,才能实现我们的育人目标。结合学校的校训——"让幸福成为一种习惯",通过小组成员之间的探究合作,我们开发了"幸福艺动"课程,旨在培养学生获得幸福的能力,学生在不断成长的过程中,逐步感知学校幸福教育文化,让每一个孩子都展现其独特的天赋和个性,发挥其潜能,尊重其意志,营造适

合学生成长的美好教育环境,让孩子们在纯粹的教育世界里认识自我、自由生长,遇见最美好的自己,成就最幸福的自己。

3.所跨学科

体育、音乐、美术、生物、心理健康等。

4.课程图谱(见图3-4)

元素:学校logo、大风车。

内涵:以学校logo为原型的幸福大风车,大风车的风车叶片分别代表着三个课程(幸福奥体、幸福律动、幸福戏曲),立杆代表着学校的"幸福理念"。

寓意:在学校幸福理念的指引下,三个课程循环转动,转动的风车象征着生命富于活力,流转不息,照应了俗话所说"风吹风车转,风吹幸福来"。

图3-4 "幸福艺动"课程图谱

(二)科学创作组特色课程

1.课程名称:科学玩转生活

2.课程简介

本组课程分为三大块:第一大块是生存——"食品营养与污染",涵盖清洁剂的制作;第二大块是生长——"英雄总有用武之地",内容为塑料瓶变身记;第三大块是娱乐——"创意乐器制作",内容是自娱自乐乐器的制作。

3.所跨学科

物理、化学、数学、信息技术、生物等。

4.课程图谱(见图3-5)

元素:生物、化学、物理、数学、信息技术的模型构成了显微镜。

内涵:探索式的学习使学生有幸福感。

寓意:寓意学科融合,让师生在娱乐式的教学活动中实现生存、生长。

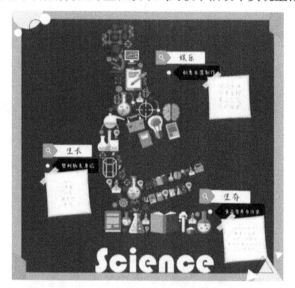

图3-5　"科学玩转生活"课程图谱

(三)人文社会组特色课程

1.课程名称:文化品牌

2.课程简介

本课程分为四个板块,分别是"至圣先哲""飘逸诗仙""大国名医"和"丝绸之旅"。以人物为主要突破口,以主题研究为模块,多个学科助力,把对中国文化表面化理解推进到程度更深的理解,提取有效信息,突破人物形象脸谱化和思维定式,运用语言知识、语言技能和技术加工手段,输出文化品牌,拓展学生的国际文化视野。

3.所跨学科

道德与法治、历史、地理、语文、英语、生物。

4.课程图谱(见图3-6)

元素:四叶草、心形、四色。

内涵:寻古圣贤,探文明路。以至圣先哲、飘逸诗仙、大国名医、丝绸之路四大板块为依托,绽放中华文化之花。

寓意:内层蓝红绿四色花瓣寓意课程的多姿多彩;每层花瓣均由四个心形组成,寓意课程实施的真心、用心、贴心;整体寓意为静待师生花开、共享幸运幸福。

图3-6 "文化品牌"课程图谱

(四)理想信念组特色课程

1.课程名称:研史铸梦

2.课程简介

本课程是对中华文化、河南特色历史文化、六十九中的校史、学校德育教育资源、现有校本课程进行整理、整合、编纂、设计形成的理想信念组特色课程。课程以中华文化为根基,以河南文化为特色,以校史为底蕴,以学校德育教育资源为抓手,以现有校本课程为资源,以现代信息技术为手段,以人生规划为蓝图，以研—品—铸为引线，以畅—聚—绘为导线，以七、八、九三个年级为主线，以班会为依托，对教育资源进行整合挖掘整理和对学生学习活动进行设计整合而形成的课程。本课程期望通过校史、历史、文化、政治的学习，引导学生多角度认知将其内化为自身的精神与素养，启发学生的研究能力和创造能力，形成正确的世界观、人生观、价值观，着力突出学校教育的育人功能，落实国家立德树人的育人观，培育和践行社会主义核心价值观。

3.所跨学科

历史、地理、心理健康、道德与法治。

4.课程图谱（见图3-7）

元素：地图、火炬、翅膀。

内涵：以史为鉴，探寻理想信念的真谛，筑梦飞翔，驶向理想的彼岸，理想信念如同火炬，照亮、引领学生前行的道路。

寓意：共铸美好未来，打牢信仰之基，传递文明，传承精神，探索幸福教育，培养阳光健康、有志有趣、学有所成的共产主义和社会主义接班人。

图3-7　"研史铸梦"课程图谱

第三节 基于核心素养的跨学科主题课程的实施

基于核心素养的跨学科主题课程旨在发挥学科教师间协同实施,充分发挥课程的优势,进行统整式的跨学科学习,提升学生的核心素养,发展学生跨学科应用知识的能力、分析和解决问题的综合能力、动手实践的操作能力,培养学生积极认真的学习态度和乐于实践、敢于创新的精神。在特色课程开发和实施的过程中,我们总结出了跨主题课程实施的相关策略。

学校开设跨学科主题课程的目的就是打破学科界限,注重多学科的联系,重视单学科知识,培养解决其他问题的能力。不同学科的教材中有不少内容互为联系,可以相互沟通,本就可以利用其他学科中学习的知识和经验来解决本学科的问题,为新知识的学习铺平道路,因此,跨学科教学有利于拓展学生的思维,使相对割裂的知识形成体系,更易于掌握和理解,形成更好的个体发展的基础。

一、跨学科主题课程的实施

(一)选课

学校跨学科主题校本课程的实施,是在学期开学第一周,发布《选课指南》,供学生选择。学生根据《选课指南》,结合自己的兴趣爱好填报选课志愿表,为便于统筹安排,每位学生可选报两个专题,学校对学生的志愿表进行统计汇总。

(二)排课

根据选课情况制订校本课程开设计划,并将跨学科主题课程的开设排入总课表,下发到每个班级。在公布课表的同时,要公布授课教师、上课地点。

(三)上课

跨学科主题课程上课采用走班教学,管理采取实验班与教学班相结合的方式。教师或教师小组根据学校安排,在指定地点组织开展教学活动。跨学科主题课程教学组织的要求与国家、地方课程的要求相同。要建立临时班级、小组,加强考勤和考核。教师要精心备课,认真上课,并根据实际情况及时完善课程内容,调整教学方式;学生应根据教师的要求,严格遵守学习纪律,积极参与学习活动,认真完成学习任务。

学校跨学科主题课程实施的策略,在选题上重视现实情境下真实问题的研究与解决;内容上注重学科核心概念及学科间的大概念;设计上注重学生思维能力的培养,从实用角度出发,在老师的帮助指导下让学生主动探究,解决问题。学生将相对生硬冰冷的知识转化应用,这是跨学科学习的一大优势。

二、跨学科主题课程实施策略

(一)小组合作学习

激发学生学习动力,形成主体意识。基于学生个人的知识与经验,立足于激发每位学生的学习动机,唤起学生内在的学习需求。通过彼此相互交流、相互启发、相互认同,互帮互助,分工合作,职责明确,协作探究,小组合作学习,培养学生的合作素养。

"研史铸梦"课程采取课堂学习研讨、实地参观、设计制作相结合的方式。首先进行课程纲要分享课,使学生了解本课程,之后采用主题活动课的方式,在教师的启发引导下,学生之间进行活动探究,讨论总结展示。过程中采用小组合作形式,学生互动、交流,充分调动积极主动性,同伴之间实现协作探究、资源共享、优势互补,从而提高学习效率。如汇报展示课,同学们独立撰写计划书,分工完成照片处理、PPT课件制作、网上资料筛选、发言稿撰写。又如"写给三年后自己的一封信"活动,学生通过分享、沟通,互相学习。小组展示环节也起到榜样引领、团队协同的效果。

课堂上小组活动

"聚能量——以史为鉴扬民族正气"一课,用收集、展示、共享等方式将榜样的精神植入学生心中。在准备时间较为充足的前提下,教师让学生谈谈对"正能量"一词的理解,并分享正能量相关的词汇。学生参与热情高涨,分享词汇丰富,最终逐步建立正能量认识圈。在"分享正能量英雄故事"环节,同学们聚精会神,认真感受中华民族世世代代传承的艰苦朴素、不畏艰难、舍己为人、诚实善良等精神,不少同学听得入神,深受感动。

"研校史"模块课堂中,学生对学校的发展历程兴趣浓厚,观看校史老照片时争相介绍他们认识和崇敬的人物,为优秀学长取得的成绩所深深折服,同时暗下决心,树立目标并为之奋斗。

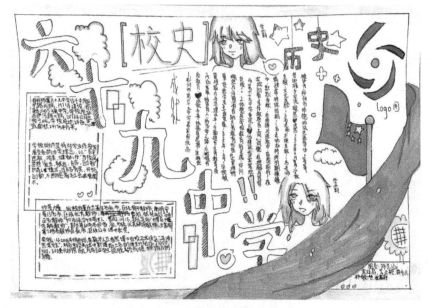

学生校史手抄报

(二)师生共同分析

在教学中,关注个体差异和不同学习需求,尊重学生的人格,创设民主和谐的教学氛围,创设良好的教学情境。师生、生生之间架起沟通的桥梁,集独立思考与合作交流于一体,相互碰撞、交融,教师在互动中负有目标导向责任,对学习小组合作成果进行评价,充分激发学生的问题意识和进取精神。

"中华文明耀世界"模块在课程实施过程中,学生在课下进行资料的搜集整理,制作相关作品,充分做好展示准备工作,课堂上进行讲解展示,把课堂交给学生,教师只是作为课堂的引领者,这充分展示了学生的主体性,充分发挥了学生的主观能动性。由于课堂时间有限,我们把小组合作活动放在了课下进行分工协作的指导。在课堂上将小组合作和讲解展示完美结合。在"品文化"模块课堂实施过程中,学生查找资料后交流讨论,畅所欲言,积极性非常高;展示环节,学生才艺发挥精彩,显示对中华文化的热爱。

"文化品牌"课程教学过程中,师生共析,设计丰富有趣的课程活动,让学生在研讨、实践中学习知识,体会成功的喜悦。并且充分利用信息技术辅助教学,设计制作具有吸引力的教学课件整合教学资源,让学生能直观地感受课程的魅力。课堂是学生展示自我的舞台,孔子断粮七日、孟子随母三迁,都被演绎成鲜活的画面。课堂上时而激烈辩论,时而热情分享。幸福教育,美好校园,正在逐步展现。

另外,对学生的展示作品进行专业指导,再次完善包括学生在讲台上的语言、肢体动作、仪态等都进行纠正,有利于学生全面提高自身素质和能力,做到教学相长,亦师亦友。

学生课堂展示分享

(三)内容生活化

生活化的教育内容,才更有可能扎根于学生心底,发挥教育的力量,促进生命健康生长和发展,从而唤醒学生已有生活经验,满足学生生活需求,发挥应有的教育价值。教育内容生活化是对核心素养的一个呼应，为教育实践提供解决方案，既着眼当前教育，更为学生的终身学习寻找策略。

"科学玩转生活"课程通过贴近自然、贴近生活、贴近经验的教学活动，使学生能够有所收获，达到育人目标。

1.教学情境生活化

跨学科教学以探究为核心，调动学生已有生活经验激发思维，使课堂教学趋于生活化。

"食品营养与健康"一课中，让学生先说出自己三餐吃的食物，再分析每天上下午的活动以及所需的营养，进一步分析自己食物的营养成分和对自己身体的影响，从而通过分析三餐应该怎样吃才符合学生现阶段的身体发育特点，使学生意识到怎样吃才健康，从而树立健康生活的意识。

学生展示吃的食物

2.探究问题生活化

抓住好奇心，在食品营养与健康课中，以小组为单位，用老师提供的素材，对学生在生活中常接触的到各种食品进行分析，如食品中各种营养元素对身体健康的影响，各种添加剂的作用和对身体健康的影响等，激发学生的好奇心和求知欲，让学生产生获取新知的收获感，让他们在活动中更为主动。

科学创作组课堂

运用多媒体课件,在课堂教学中可以融视、听、说于一体,把声、形、色安排在不同的界面上进行组合流通,能吸引学生的注意,使学生尽快进入教师创设的学习情境中,如在废旧塑料瓶的利用和美化课程中,用多个小视频展示塑料瓶的妙用,引发学生的动手欲望。

学生展示塑料瓶制作的成品

3.探究材料生活化

课程的探究材料从学生接触的日常生活物品入手,如牛奶盒、可乐瓶、食品包装袋都是活动的素材。在"废旧塑料瓶变身记"一课中,利用已有材料,剪刀、胶棒、热熔胶枪、胶水、彩纸等学生可用能用的物品进行创作,将课堂延伸到课外,激发学生的动手欲望。

学生展示作品

4.课外延伸生活化

课堂教学是学生开展科学探究的主阵地,但不是全部,室外才是学科学、用科学的天地。例如我们创意编程课程,学生在学习了编程之后,对编程有了一定的了解,在家庭里的智能玩具和无人机操作上大显身手,进行自我创作,组队活动,展示成果,取得了良好的效果。

学生课后利用电脑制作食品安全宣传讲座课件

（四）课程以实践为主

主题式综合实践活动，面向学生真实的生活世界选取主题，从学生的家庭、社区、校园和自然环境等真实生活中寻找主题，活动内容体现生活情境和真实任务，引导学生亲近生活、观察生活、体验生活。学生将在实践、体验、探究等活动中获得更多的任务管理、社会交往、多元表达等机会，注重兴趣培育和习惯养成，让学生具备知识性学习和社会性成长两条腿走路的本领。

"幸福奥体"是一个综合性实践类的模块。课程分为前期准备阶段、徒步考察阶段以及考察后的学习阶段三个部分；设计了"上网搜集资料""实地考察奥体中心""体验运动之美""音乐之美""艺术之美""分组展示考察心得"等具体的学习实践环节；从学习态度、学习过程评价、小组成果展示三个方面进行综合评价。以创造能力和想象能力为基础，突破常规思维，运用自我的知识框架，创造生活之美，在愉快轻松的体验中增强学生探索和实践的精神。

在课程中，学生们通过前期的知识储备，在小组老师的带领与组织下，开展"幸福奥体"实践活动，同学们克服了身体和心理的障碍，徒步到达郑州奥体中心进行参观学习活动。研学中，这边是体育老师给学生们讲解中长跑的呼吸节奏和摆臂方法，体会跑步的乐趣；那边"叮叮咚咚"是音乐老师带领同学们围坐一圈学习打击声势节奏和杯子节奏；花园里、草丛中、建筑旁是美术老师带领大家学习摄影中的构图技巧；而在花坛旁则是生物老师带领孩子们认识、探索植物的奥秘。

通过"幸福奥体"模块的学习，培养学生获得幸福的能力，学生在不断成长的过程中，逐步感知学校幸福教育文化，让每一个孩子都展现其独特的天赋和个性，发挥其潜能；尊重其意志，营造适合学生成长的美好教育环境，让孩子们在纯粹的教育世界里认识自我、自由生长，遇见最美好的自己，成就最幸福的自己。

案例3-1：

理想信念领域的实践研究

摘要：人是一个不断变化发展的个体，特别是人的思想会随着年龄、阅历等方面的发展不断变化。中学生的思想教育需要关注，教育的过程也需要方法。贴近时代、贴近生活、贴近课堂的思想教育课程更能让学生接受，在潜移默化中形成良好的理想信念。

关键词：思政课程、理想信念、中学教育

一、理想信念课程开发的背景

（一）基于时代背景

理想信念教育是社会主义现代化建设新时期对学校德育教育工作提出的要求。广泛开展理想信念教育，深化中国特色社会主义和中国梦宣传教育，弘扬民族精神和时代精神，加强爱国主义、集体主义、社会主义教育，引导人们树立正确的历史观、民族观、国家观、文化观。

（二）基于校情

郑州市第六十九中学以"培养学生获得幸福的能力"为办学理念，基于中国学生发展核心素养，建设郑州市六十九中学以"幸福教育"为基本理念的核心素养课程体系。学校把幸福作为学校文化发展的核心，倡导淳朴、阳光、积极、健康的幸福文化，把幸福文化渗透于日常教学生活中，让孩子们感受到成长带来的幸福感，让老师们在工作中寻找到生命幸福的价值。根据学校办学理念和培养目标,整合国家、地方、校本三级课程,校本化实施国家课程和地方课程,课程化改造学生活动、社团,补充开发校本课程,构建学校幸福课程体系,将德育教育的理想信念领域设定为课程领域首位。

(三)基于学情

初中生年龄在12~15岁之间,正处于生理和心理尚未成熟的时期,也是形成良好品德行为、树立正确理想信念和人生观、世界观的关键时期。然而,随着经济的全球化,世界各国思想文化不断地交流、交融、交锋,给当代中学生政治敏锐性和政治鉴别力提出了新的要求,同时给中学生理想信念教育工作带来了严峻挑战与考验。全面开展中学生思想道德素质尤其是理想信念教育迫在眉睫。明确立德树人在新时期具有的特定内涵与要求,对提升中学生德育的针对性和有效性、促进学校的教育教学工作至关重要。教师要从学校、社会、家庭等全方位抓紧这个时期对初中生的理想信念教育,培养德智体美劳全面发展的人才。

对学生理想信念方面进行抽样问卷调查,调查结果发现,七年级学生作为本校的初始年级,对学校历史、杰出校友、学校文化、河南文化、世界文化了解相对较少,随着年龄的增长、阅历的丰富,八、九年级的知识面比七年级学生开阔许多,但是压力也更大一些,尤其是九年级学生,面临中考,更加需要鼓励、疏导、正能量。为了优化统整理想信念教育的碎片化、割裂化课程,形成系列符合学校学情的特色课程。经思考、研讨后,结合国家对理想信念教育的指导方向、河南地域文化特色、学校历史文化积淀、初中生的特点等方面尝试开发了"研史铸梦"课程。

二、理想信念课程目标

校本课程"研史铸梦"的课程设置,按年级分为"研校史,畅青春""品文化,聚能量""铸信仰、绘蓝图"三个模块,课程目标为:

一是,通过了解学校的历史和文化及其对历届学生成长的作用,认同学校办学理念并愿意融入学校文化,以行动传承优良传统,创造和体验幸福中学生活。通过班级文化建设、学生优点特长的探索,增强学生的归属感及自信心，激发学生完成对未来幸福生活的规划。

二是，通过家乡与中华历史文化主题活动，倡导学生保护黄河，传承弘扬中华文化，增强学生对家乡的归属感，提升民族自信心、自豪感，坚定文化自信；通过对中华民族浩然之气的品鉴，从革命历史中汲取力量，以及对生活中真善美的收集，学生合作探讨如何面对现实生活中一些常见问题，意识到同一件事从不同的角度去看待，会得到不同的结论和收获，激发奋斗动力，帮助学生树立正确的理想信念。

三是，通过理性分析理想信念的内涵与外延，形成情感价值认同，随着年龄增长，学识积累，未来紧跟时代步伐，融入国家发展，为人民谋幸福，为国家谋复兴，助力中国梦，确立报国志向，为实现中华民族伟大复兴的中国梦凝聚力量。通过展示"共和国勋章"具体人物的典型事迹，学习各行各业人物的品质，初步确定自己将来的人生定位、职业理想、生涯目标，进而给即将到来的人生第一个分岔口——中招考试加油打气。

三、理想信念课程内容

（一）课程内容

"研史铸梦"课程根据国家历史文化、河南特色历史文化、学校校史文化、德育教育素材等资源进行重整、设计形成的理想信念课程具体内容分为三个年级，七年级两个模块：研校史、畅青春；八年级两个模块：品文化、聚能量；九年级两个模块：铸信仰、绘蓝图。每个年级的第一个模块是通过校史、历史、文化、政治的学习，内化为学生自身的精神与素养。内容设置层层递进，贴近学生的生活，符合年龄特征。第二个模块是将内化为自身的精神与素养，用外在的语言与行动表现出来。内容设置将每个年级的思想特点与班会、心理课结合。每一个模块都结合学生所在年级的年龄特点、知识层面进行了单元的设计。

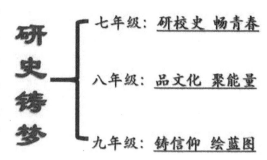

研史铸梦
七年级：研校史　畅青春
八年级：品文化　聚能量
九年级：铸信仰　绘蓝图

七年级学生年龄在12~13岁之间,对新鲜的事物充满好奇心,特别是进入学校学习后对学校的环境与文化有很浓厚的兴趣。学生会通过家长、网络、学校宣传标语、展板等途径了解学校。这些信息是支离破碎的,有些信息还是负面的,学生需要正确的引导,迫切需要了解学校的历史,逐渐形成对学校的认同感和归属感。由对学校历史的了解,增强对学校的热爱,将自己融入学校与班级。通过班级班风等内容的开展提升班级凝聚力,进行认识自己、了解青春给自己的定位,规划自己的三年发展。

研校史 {
校史给我力量（回望校史）
精彩有你与我（学校特色）
桃李芬芳誉满园（幸福师生）

畅青春 {
我为校史续篇章
我的优势与特长
我的生涯我规划

八年级的学生形成了一定的思维能力,分析问题、解决问题能力不断得到提高,有了更多的独立见解,但思维的深度广度有待继续加强,需要加强文化理论基础的不断学习。八年级的学生有了一定的历史知识的铺垫,通过介绍中国文化在世界上的之最、河南地方的历史文化、精选革命文化精神,旨在培养学生的民族自豪感、民族自信心,帮助学生形成正确的理想信念,汲取正能量,激发学生的奋斗动力,鼓舞、鞭策学生做新时代的追梦人。

品文化 {
中华文明耀世界
河南古都誉中华
革命文化永流传

聚能量 {
以史为鉴扬民族正气
发现真善美温暖你我他
点燃正能量引爆小宇宙

九年级的学生因中招考试的临近,对政治的了解也逐渐增多,有了一定的分析能力。这时介绍新时代的国家政治方向学生可以理解,同时会有共鸣。"人民有信仰,国家有力量,民族有希望。"信仰早树立,才能持久保持不变。提升学生的责任心和使命感,进而鼓励学生充满信心,以自己最好的状态迎接中招考试,坚信自己能行。有梦想有机会有奋斗,一切美好的东西都能够创造出来,个人的职业理想也必然能实现。

(二)课程评价

课程的评价遵循与课程目标相一致的原则。评价方式由自评、互评、师评构成。

"点亮小星星"课程评价表

评价项目	评价细则	自评	互评	师评
过程性评价	能够认真收集上课所需材料,能够积极参与课堂讨论,清楚地表达自己的想法。(参与活动)	☆ ☆ ☆ ☆ ☆	☆ ☆ ☆ ☆ ☆	☆ ☆ ☆ ☆ ☆
素养评价	能够上台分享自己的感悟与收获,或参与小组展示活动。(展示活动)	☆ ☆ ☆ ☆ ☆	☆ ☆ ☆ ☆ ☆	☆ ☆ ☆ ☆ ☆
奖励性评价	课程开始期间获得的有关德育方面的荣誉	☆ ☆ ☆ ☆ ☆	☆ ☆ ☆ ☆ ☆	☆ ☆ ☆ ☆ ☆

根据学生在课堂活动中的表现,给予记录打分,记录力求及时公正;根据评价指标的内容,为同伴与小组"点亮小星星",进行打分评价;学生成果可通过实践操作、作品鉴定、竞赛、评比、汇报演出等形式展示。最终,通过教师评价、小组评价、个人评价的形式产生最后的总评,对总评合格的学生颁发课程学习合格证,优秀的学生颁发课程学习优秀证书,并将其成果记入学生学籍档案内。

四、理想信念课程实施

课程采取课堂学习研讨、实地参观、设计制作相结合的方式。首先,进行课程纲要分享课,着重从本课程开设的目的和意义、课程开发依据、课程的实施方式、课程评价方式等方面,使学生了解本课程。之后,采用小组活动课的方式,在教师的启发引导下,学生之间进行讨论展示,进行活动和探究。

在课程中学生讨论、交流、实践的环节较多,这有利于加深学生的记忆,掌握方法,提高能力。在"聚能量——以史为鉴扬民族正气"这一课中,给出充足的时间,让学生谈一谈自己对"正能量"一词的理解,分享正能量相关的词汇,学生参与度高,分享的词汇非常多,由此可见,孩子们都知道什么是正能量。在分享英雄正能量故事环节,每一个学生注意力都非常集中,认真感受中华民族世世代代传承着的艰苦朴素、不畏艰难、舍己为人、诚实善良等等正能量,有部分同学眼眶红红、眼泛泪花,相信那一刻的他们都心存感恩,知道岁月静好,是因为有无数的人们为我们负重前行……

课程采用小组合作学习,最大限度地调动学生的积极主动性,提高学习效率,同时小组之间的交流有利于实现优势互补、互通有无。例如汇报展示课,同学们分工完成:照片的处理、PPT课件制作、网上资料的筛选、发言稿的撰写等。分工的同时学生之间还可互相学习,让自身的信息技术不断提高,多渠道的接受知识的来源。

四、理想信念课程亮点

(一)构建以"输入历史文化素养"到"输出认识规划行动"为路径的理想信念校本课程范例

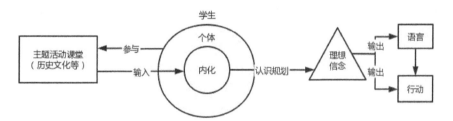

理想信念课程实施路径图

(二)整合教育资源形成特色理想信念课程

"研史铸梦"校本课程落实立德树人的教育理念,坚定学生理想信念,培育和践行社会主义核心价值观,为学生的认识发展规划。历史是最好的教科书,课程以中华文化为根基,以河南文化为底蕴,以校史为特色,以学校德育教育资源为抓手,以现有校本课程为资源,以现代信息技术为手段,以人生规划为蓝图,以研—品—铸为引线,以畅—聚—绘为导线,以班会为依托,贯穿七八九三个年级,对教育资源进行整合挖掘整理和学生学习活动进行设计整合而形成的课程。通过校史、历史、文化、政治的学习,引导学生多角度认知将其内化为自身的精神与素养,启发学生的研究能力和创造能力,形成正确的世界观、人生观、价值观,着力突出学校教育的育人功能,落实国家立德树人的育人观,培育和践行社会主义核心价值观。本课程已成学校校本课程的优秀范例,已经逐步在各年级开展。

五、结束语

课程在实施的过程中还有待改进的地方,例如:教学资源的挖掘利用还不够,学生对学校历史了解途径比较单一,需要教师拓展途径,使学生搜集到更多的资源,不断丰富、更新校史内容,增添新时代的新元素。课下进行资料的搜集整理、作品制作时,个别小组成员参与不积极,需要调动更多的学生参与进来,课堂上需要体现更多的合作学习,可以尝试更加丰富的作品形式,等等。这些都需要在教学实践的过程中不间断地进行"实践→发现问题→反思问题→理论提升→寻找方法→再实践解决问题"的循环过程提升教师教学素养。时代要求我们当下的老师,不断地学习,提升自己,培育学生。理想信念教育更要教师不断地学习反思,才能跟得上时代发展。

跨学科主题课程从教学内容上,把以教材为主的教学内容转变为以主题为中心,挖掘课内外各种教学资源;从教学方式上,把"教师教,学生学"转变为注重培养学生实践经验,以观察、讨论、实验等方式为主。增强知识和生活的联系,提高学生分析问题和解决问题的能力,整个学习过程中,让学生获得一种持久可迁移的学习能力。这就是跨学科主题课程所倡导的,立足于以学生兴趣需要为基础的综合性深度学习。

让每一门学科植根生活情境和真实问题,让不同学科之间实现真正合作。因地制宜创造跨学科课程,让每一个学生经历独立研究和项目学习,由此发展学生的核心素养,培养适应信息时代需要的合格中学生,这是跨学科主题课程学习的根本意义。

第四章　课堂形态　内修涵泳

第一节　幸福课堂形态的理念与特色

一、以人生幸福为起点：幸福课堂理念

幸福课堂就是以构建师生人生幸福为起点，以立德树人为目标，以学生为主体，让师生感受到教学与学习的快乐，从而获取幸福能力的课堂。

构建幸福课堂旨在为师生提供学习上的幸福感。在幸福课堂中，老师努力将自己的所学所思运用到课堂教学之中，促进学生成长，并在自己对学生的期待中体会幸福；学生在获得情感上的满足后产生积极性和主动性，从而提高课堂学习的实效，进而获得成长的幸福。

幸福课堂是以学生为主体，学教合一的课堂。不论是课前的准备、课中的教学，还是课后的巩固，老师都要把学生幸福感的获得放在第一位。在此基础上研究教学内容，组织教学进程，设计课后作业等。在学生的学习过程中，教师要让学生多活动，给学生提供充足的时间和空间，让学生通过质疑、判断、比较、分析、综合、概括等一系列活动获取知识，发展思维。在获得知识的同时，学到应用知识的方法，获得丰富的情感体验。教师要把教学设计、教学组织、教学评价的重点放在学生身上，对所有学生充满期

待，让每个学生都能够体验到学习的快乐和成功的喜悦。教师要有良好的心态和开放的思维方式，并且把这种思想付诸教育教学实践中。师生平等对话，彼此尊重，营造一个轻松的环境，共同发展。在教学评价上，教师对学生进行多角度、多层次、多标准的评价。在教学内容上，教师要引导学生走出书本，走向社会，走向自然，让学生感受到知识美、人情美、自然美，从而获得美的体验，进行美的创造，感受幸福的滋味。

二、以课堂幸福为载体：幸福课堂特色

在传统教学中，教师固守传统观念，因书而教，满堂而灌；学生因教而学，被迫接受知识，很难有思维的启迪、情感的体验。学生的表达更是受到抑制，不敢大胆言说自己的观点。师生之间、生生之间鲜有观点的交流、思维的碰撞，使得学习变成一件枯燥、机械的事情。

幸福课堂，就是让课堂中的师生保持愉悦的心情，感受学习的快乐。在课堂交流、学习中培育学生的幸福观和获取幸福的能力。构建幸福课堂旨在为师生提供学习上的幸福感，使学生在获得情感上的满足之后在学习上产生积极性和主动性，将教师的自我价值延续到学生的成长进步之中，充分实现学生自我成长和教师自身价值的高度统一，使双方都能获得高度的收获感和幸福感，进而提高课堂教学的实效性。

(一)构建以学生为中心的自主学习课堂

传统课堂中，教师占据着课堂的主体地位，牢牢地把控课堂主导权，教学以老师的讲授为主。学生更多的是跟着老师走，被动地接受老师的教学内容和教育观点，学生处于从属地位，并没有充分体现学生的主体性。

学生是有着独特个性、鲜活生命的个体，他们有自己的真情实感，有自己的判断力，有自己的知识经验、成长背景等。所以，要充分发挥学生的主观能动性，让学生成为课堂的主角而不再是课程内容的被动接受者。在教学设计与实施中，教师更注重调动全体学生的学习积极性，从学生的角度去考量教学内容，设计教学流程、评价方式，用符合中学生身心特点、易于

学生接受的教学方法和策略来吸引全体学生集中注意力,用易受学生欢迎的教学媒体、教学语言来增强课堂学习的代入感。课堂上,教师密切关注学生的学习状态,充分调动学生的积极情绪,洞察学生的心理变化,使学生始终处于积极主动的学习状态,真正成为学习的主人。例如,在历史课堂上,教师引导学生在课堂上动口读书、动手做笔记、动脑思考问题,通过课堂活动让学生手、眼、耳、口、脑协同发展,鼓励学生在课堂中提出问题、讨论分析问题、展示成果等,逐步引导学生进入主动学习的状态,激发学生的求知欲,让学生以积极的态度参与到课堂之中。

(二)构建尊重学生主体存在的师生关系

传统课堂中,教师居高临下,学生则处于一种无形压力的包围之中。老师讲课时,学生们必须认真听、认真记,不能随意发出声音;老师提问时,学生们必须要举手征得老师同意才能起身回答。在这样的课堂中,教师并没有给予学生充分的发言机会和说话权利,学生更多的是跟随着老师的思路,被动地接受老师的观点,即便学生有不同的观点和想法,也无法充分地表达出来。即便有学生大胆提出不同的观点,老师通常会发出批评指责类的话语,从而使台下的学生不敢发言,生怕出现错误,这样被批评的学生很大可能就会停滞正在进行的学习,陷入深深的负面情绪之中。长此以往,学生的情感就会受到抑制,学生的思考就会受到限制,学生的能力也得不到提升,也就更谈不上学习的乐趣了。

"消极的师生关系会使学生对教师的课堂教学产生抵制、排斥心理,积极的师生关系会使学生在课堂教学中更加活跃,能够使其积极参与到课堂教学活动中"[①]。教师对学生的宽容、理解、尊重和信任,是学生热爱学习、自主学习的前提和基础。只有学生卸下设防,表达真实自我,师生之间建立起尊重学生主体的积极的师生关系,师生在愉悦的氛围中互动,进行无

---

① 罗筱娟:《以学生为中心的课堂教学环境建构》,《教育理论与实践》2020年第14期。

障碍的交流,学生才能在安全的、温馨的氛围中安心学习,体会到幸福课堂的安全感。

在幸福课堂的实践中,我们关注师生的情感体验,注重构建平等、和谐的师生关系,创设相互信任、宽松自由的课堂氛围,调动学生的学习积极性,使学生成为课堂的主体。幸福课堂中,教师会设法激发学生饱满的情绪,引领学生形成积极而紧张的心境,帮助学生消除心理的干扰因素。如鼓励学生踊跃发言,表达自己的真实想法,允许学生提出不同的看法,更允许学生发表错误的想法。每当学生提出不同的看法或者错误的想法时,教师要给予充分的尊重,对学生踊跃发言的勇气表示积极的肯定,给学生充足的心理安全感。然后再循循善诱,因势利导,设法纠正学生的错误观点。

(三)构建促进学生思维发展的合作学习课堂

在传统课堂中,老师"一讲到底"限制了学生创造性的发挥,师生"一问一答"剥夺了学生与学生之间的合作。学生学习方式单一、被动,教师与学生之间、学生与学生之间经常处于一种紧张而对立的状态,信息交流处于一种不畅通的状态,课堂上很少看见人际间的交流、观点的交锋和智慧的碰撞。学生的学习始终处于被动应付状态。学生缺少自主探索、合作交流、独立获取知识的机会,很少有机会表达自己的理解和意见,使得课堂氛围沉闷封闭。

在幸福课堂中,教师设立"思维爬坡"的目标,用问题引领学生的学习,采取小组合作等方式让学生自主探究问题。在小组合作探究中,各个小组成员分工明确、协作配合,不仅促进了学生之间的情感交流,提升了团队合作能力;而且学生在宽松愉悦的环境下自由表达个人对知识的理解,在深度思考与交流碰撞中得到新的感悟和收获,从而在不知不觉中加强他们的思维发展素养,更好地推进学生自主学习。

(四)构建提升学生情感体验的幸福课堂

在传统教学中,教师在教学中只重视知识的结论、教学的结果,教师考虑最多的就是如何将知识点讲清楚、讲透彻,试图将前人的知识经验以最高的效率传递给学生,习惯于将知识嚼烂嚼碎后喂给学生,让学生快速地将知识存储于自己的大脑中。这种学习模式忽略了学生对知识的体验过程,有意无意地压缩了学生对新知识学习的思维过程,剥夺了学生思考的权力,导致学生只会死记硬背,从而缺少质疑和创新的能力。因此,对于一部分学生来说,学习给他们留下的只是消极的体验,有的学生开始不喜欢学习,甚至产生一进教室就头疼的毛病。

幸福课堂,不仅仅注重知识的传递,更加注重学生获取知识的过程以及在学习中的情感、态度、价值观的提升。在课堂实践中,我们更加注意倾听学生内心的声音,寻求学生喜欢的学习方式,为学生搭建交流与学习的平台,让学生在交流中学习、在实践中学习、在活动中学习、在游戏中学习,让学习过程更温馨、更有趣。学生真正成为学习的主人,能够自主地、快乐地学习,享受学习带来的幸福感、获得感,并学会在生活中发现幸福、创造幸福。

(五)构建多元化、激励性幸福课堂评价

在传统课堂中,教师对学生的评价依据是:能够掌握老师所教授的知识,会做题,考试考个好成绩。学校对老师的评价也基本上是看老师的教学成绩。传统的教学评价,过于注重结果的终结性评价,而忽视了过程性评价,造成的后果就是压抑了学生学习的自信心与积极性,使学生不能清醒地认识自我、反思自我,学生自主学习、发展的能力与品质得不到应有的培养和训练,学生个性的健康发展受到了极大影响。

在幸福课堂的构建中,教师会注重评价方式的多元性、激励性以及发展性和及时性。通过科学的评价发现学生的优点,提高学生的成就感。在评价方式上,教师不仅关注学生知识的学习,还关注和满足学生在身心健康、学业发展、人际交往各方面自主发展的需要,实现学生的全面自主和自我成长,对学生进行综合评价。此外,教师还会拓展评价主体,注重评价主体的多元化。既有学生的自我评价,又有生生评价、家长评价,同时突出评

价的激励性、发展性、及时性，让评价成为发现学生优点、发掘学生潜力、提升学生成就感的重要手段和途径。在幸福课堂的构建中，教师注重对课堂教学评价这一教学环节加以改革，通过构建科学合理的教学评价体系，让学生在不断获得成就感的过程中主动学习，提高学习效率。

构建幸福课堂是突破现有教学瓶颈、提高课堂教学实效、促进学生全面长远发展的重要途径，同时也是践行素质教育、培养学生核心素养的客观要求。我们追求的幸福课堂，既有幸福的温度，又有学习的深度、思维的力度以及触及师生心灵深处的精神愉悦感。

第二节　幸福课堂形态的要素与模型

一、幸福课堂模型的建构过程

（一）课堂模型

课堂模型指的是将提炼出的课堂教学要素，根据课堂目标和课堂推进情况的不同，有选择性地、灵活地组合而成的课型。课堂模型组合的基本原则为：所选择的基本要素要以学生为本，聚焦学生的行为；要素搭配、组合时要依据教学内容和学生实际情况灵活多变。教师不仅要保证课堂的生机与活力，提高学生的积极性和创造性，而且要使学生成为课堂的主人，立足于学生的终身发展。因此，建构课堂的模型具有重要的现实意义。

（二）幸福课堂模型的建构过程

在前期的理论学习之后，我们在幸福教育理念的指导之下，主要通过开展各个学科的教学实践活动来提炼幸福课堂的模型。整个过程大致经历了理论学习—提炼总结—教学实践—反思升华—教学再实践的过程。

1.理论学习阶段

我们邀请专家进行培训学习和理论指导,组织教师参加各级各类培训会议,如课堂改革专题讲座、课堂改革观摩会等,强化了教师的课堂教学改革理念,深入理解幸福课堂的实质和内涵,探讨幸福课堂建设的途径和措施,以提高教师课堂教学的实操能力。

2.提炼总结阶段

各学科老师以教研组为单位,在幸福课堂教学理论的基础之上,深入研究课堂教学流程,充分挖掘课堂文化,立足于提升学生幸福素养的总目标,总结提炼幸福课堂应具备的基本要素。在各学科教师的共同努力下,我们基本上确定了幸福课堂的四个要素——提问、合作、检验、展示,并围绕这四个要素进行相关学习和理论论证。

3.教学实践阶段

在前期理论学习和总结提炼的基础之上,老师们发挥集体智慧,积极研讨,勇于探索,大胆创新,立足于幸福课堂四要素的基本环节进行集体备课,根据不同的教学内容选择相应的课堂要素及其组合,精心编写每一节课的教学设计,集体打磨幸福课堂的教学流程。之后,组织相关学科老师进行教学实践,围绕幸福课堂四要素进行实践论证。

4.反思升华阶段

在进行课堂教学实践之后,各教研组老师集中评课,老师们根据教学实践和评课建议撰写教学反思,进一步完善幸福课堂的教学环节和课堂要素。经过前期的理论学习和教学实践反思,我们发现之前确定的幸福课堂四要素——提问、合作、检验、展示——中并没有全面涵盖幸福课堂的特色,以上要素都是建立在教学实践活动基础之上的。因此,幸福课堂中还应该加入"实践"这一要素。有必要说明的是,我们把"实践"要素糅合在提问、合作、检验和展示等四个环节之中,没有单独列出。

5.教学再实践阶段

在反思改进之后,我们进一步完善幸福课堂的基础环节和设计流程,并再次投入教学实践进行打磨。最后,根据修订完善之后的幸福课堂教学设计，分别从教师、学生、学习小组三个层面出发，在提炼总结幸福课堂四个要素的基础上，结合幸福课堂最终要实现的幸福"五感"，进行课堂模型的美工设计。

(三)幸福课堂模型

幸福课堂模型就是以培养学生的幸福感为目标，发展学生的五感(即关系感，归属感，实现感，获得感，发展感)，在提问、合作、展示、检验等课堂环节中去实施课堂教学的课堂模型。

1.以培养学生幸福素养为核心

六十九中把"幸福"作为办学的主题，在进行课堂模型建构的时候就是以培养学生幸福感为核心。在课堂实施的过程中，六十九中关注到学生的发展与成长。不论是课前准备，课中教学，还是作业设计，教师都会充分关注学生幸福感的获得，即关系感、发展感、获得感、自我实现感、归属感的获得。

2.以课堂四要素的实施为手段

课堂四要素是对幸福核心素养在课堂形态下的落实和检验。其中合作针对的是关系感，提问针对的是发展感，检验针对的是获得感，展示针对的是自我成就感。总之，在课堂上通过课堂环节的实施，发展学生的五感，最终获得幸福感，是幸福课堂的最终目标。

合作可以是师生合作、生生合作，也可以是小组合作、个人与小组的合作、小组与小组之间的合作。在合作中，师生、生生通过讨论、实践、探究最终获得知识的学习并展示合作成果。

提问是教师第一时间掌握学生学习情况的有效策略。可以分为导入式提问、过渡式提问、预设式提问、生成式提问。在课堂环节中，教师通过设计，提出有价值的问题，并依据学生的反馈及时调整课堂进度和教学策略。教师的有效提问可以引发学生的深入思考和探索，在思考中学生的分析概括能力、逻辑思维能力、批判性思维能力等得到不断发展。可见提问可以培养师生共同的发展感。

检验分为课堂检验、阶段检验、汇报检验。针对的是五感中的获得感。教师通过各种检查手段检查学生对所学知识技能的掌握情况。学生通过检验环节,实实在在看到自己的收获,从而产生获得感与幸福感。

展示分为预习展示、检验展示、汇报展示,针对的是幸福教育中的自我实现感。学生通过表演、演讲运动等表达方法或活动形式,展示学习后的所感所得,满足自身的成就感,从而获得自我实现感。

总之,幸福课堂模型的建构可以进一步明晰课堂思维,有效指导课堂教学,以期使其达到最好的教学效果。

二、幸福课堂四要素的解读

幸福能力核心素养的落实离不开幸福课堂。针对前期对于幸福核心素养(即关系感、归属感、发展感、获得感、自我实现感)的解读,我们认为和幸福核心素养相对应的幸福课堂离不开以下四个环节,即合作、提问、检验、展示。我们把它们称为幸福课堂的四要素,它们是对幸福核心素养在课堂形态下的落实和检验。其中合作针对的是关系感,提问针对的是发展感,检验针对的是获得感,展示针对的是自我成就感。

例如,关系感需求是指和别人保持联系与互动,且期望自己成为团队中成员之一的需求。它指个体在行为过程中,涉及感情上是否能与他人产生联结的程度,尤其当环境提供足够的接纳、关怀与温暖的情感力量时,更能够促使个体接受各种挑战,从而达到心理成长的目的。以此来论述幸福课堂需要"合作"。

(一)幸福课堂四要素确立的理论机制

关系感需求是指和别人保持联系与互动,且期望自己成为团队中成员之一的需求。它指个体在行为过程中,涉及感情上是否能与他人产生联结的程度,尤其当环境提供足够的接纳、关怀与温暖的情感力量时,更能够促使个体接受各种挑战,从而达到心理成长的目的。在幸福课堂中,学生通过同伴合作、小组间的合作等合作形式,满足关系感需求的联结、接纳、关怀等各种情感体验,从而产生幸福感。

"归属是指个体与所属群体之间的一种内在的联系,包括个体与个体之间的关系,个体和群体之间的关系,这两种关系是一种从属和认同的关系。学校归属感是指中学生对自己学校成员身份认可,学生与教师之间形成一种和谐的关系,能够得到教师的赞赏和尊重,从而获得安全感和责任感"[1]。因此,学生参与到同伴间的、师生间的提问互动环节中有助于培养学生形成良好的同伴关系和师生关系,从而提升对于学习小组、班级、学校的归属感。

"获得感是主体需求兼并顺序发展的统合概念,可以划分为参与机会、认可度、获得成绩以及满意度这几个方面,获得感是自我不断体验获得过程和获得内容的主观感受和实际需求,个体通过努力,认同当下与未来"[2]。形式多样的展示环节为学生提供了大量的参与机会,从而体验获得过程、欣赏获得内容、获得自我认同,产生积极的心理体验。

"发展感即学生通过横向或纵向的对比,能够感受到自己学有所得,从而产生的积极的主观认知和情感体验。学生学有所得是发展感来源的根基所在,也是衡量学校教学质量的标准。学生的发展感源自学业获得感,即学生通过自身努力取得学习成就后产生的绝对或相对获得感"[3]。而检验环节恰好使学生能够直观、迅速地感知到自己的所学所得,因此检验是获得发展感的重要手段。

"自我实现感是基于个体的需求。"马斯洛1968年在《人的动机理论》中说,人的基本欲望可以分为从低级到高级的五个阶段。第一个层次是生理需要,食物、水、睡眠等是人类最基本的需要,第二是安全需要,包括寻求保护、安定和秩序;第三阶段是归属感和爱的需要;第四个层次是需要尊

---

① 杜娇:《中学生学校归属感培养研究》,安徽师范大学硕士论文,2012年。

② 田一然:《中学生学业获得感及其影响因素研究》,淮北师范大学硕士论文,2021年。

③ 田一然:《中学生学业获得感及其影响因素研究》,淮北师范大学硕士论文,2021年。

重,包括自尊和他人的尊重;第五个层次是自我实现的需要,是指人们实现自己潜能的需要。学生通过在小组以及课堂中的互动展示环节,能够把自己的所学所得呈现出来,得到同伴及老师的尊重和认可,从而满足最高的需要层次即自我实现的需要,从而提升幸福感。

(二)幸福课堂四要素的解读

1.合作

(1)合作的理论

合作是与竞争相对立的一种行为方式,指人们为了共同目的在一起工作或共同完成某项任务。幸福课堂中的合作是指教师与学生,为达到本节课的教学目标,彼此相互配合完成各个子目标下的学习任务的一种联合行动。幸福课堂是由教师和学生组成的学习共同体,课堂是师生合作与互动的场所,在这个学习共同体中,用合作形式开展的课堂活动可以让学生感受到我是被老师、同学需要的,有利于促进学生关系感的发展。

(2)合作的形式

合作从行为主体看;可分为个体与个体、个体与群体、群体与群体等类型。从时间上看,可分为长期与短期、持续与断续等类型。从合作程度看,可分为全面与局部、真诚与表面等类型。幸福课程体系中的课堂合作呈现形式多样化,可以是师生合作、生生合作,也可以是小组合作、个人与小组的合作、小组与小组之间的合作。学习小组的组织和建设是实施幸福课堂合作环节的载体。而丰富多样的合作形式为小组的成长建设提供了必要的条件,所以成员相对固定的学习小组是幸福课堂模式下的特色合作形式。

(3)合作的内容

幸福课堂中的合作环节所包含的内容是多元的。根据课堂各个环节的设置,合作的内容有合作讨论、合作实践、合作展示、合作探究等。

在幸福课堂的语文教学中,以八年级下册语文第四单元"活动探究"单元的第三个学习任务"举办演讲比赛"为例，学生前面撰写过"书香伴我成长"为主题的演讲稿，这节课的主要任务是各小组推选最优的文稿及最佳演讲者，在下节课代表本组参赛。这需要小组成员毫无私心，在通读组内所有文稿的基础上，选出较好的一篇作为底稿，而后通力合作，共同完善演讲稿，并模拟演讲环节。在这个过程中，同学间进一步增进了友谊，培养了良好的关系。从展示课效果看，台上同学的精彩表现充分展现了小组成员的能力与才华，学生掌握了演讲稿的写法和演讲的基本要求，学生的发展感和获得感得以实现。

2.提问

（1）提问的理论

土耳其安卡拉大学的希南教授和朱莉叶教授（Sinan & Zuliye）认为："问题是教师用于激发和引导学生注意力的工具，但要使学生进行探究和产生新观点，教师首先应该关注问题的内容。"[1]在幸福课堂中的提问是指教师通过围绕幸福素养目标进行问题的设定，引导学生在积极思考中获得发展感的过程。学生在课堂中的发展感源自通过提问引发探究思考，在深度思考中培养学生的分析概括能力、逻辑思维能力、批判性思维能力等，使学生认知思维水平不断获得发展，也可以让老师第一时间获得学生的学习情况的反馈，从而及时调整课堂进度和教学策略。

（2）提问的形式

课堂提问的形式也是灵活多样的。根据提问和回答的对象，提问可以分为：老师提问、学生自主提问、老师对个体或者全体学生的提问，也可以是学生对小组内组员或者学生对老师的提问。根据幸福课堂的不同阶段，教师的提问又可以分为导入式提问、过渡式提问、预设式提问、生成性提问、总结式提问、拓展式提问、探究式提问、自主式提问。根据提问要达成的目标，提问又可以分为复述型提问、演绎型提问、概括型提问、分析型提

---

① 马勇军：《提问与学生学习之关系：西方课堂提问研究的新重心》，《全球教育展望》2014年第10期。

问、追问型提问等。

（3）提问的注意事项

美国师资发展委员会资深教师杰基和贝思（Jackie &Beth）指出：一个完整的提问行为（方式）包括五个阶段：准备问题、陈述问题、激发学生的回答、对学生的回答进行加工、对提问行为的反思。准备问题，即问题的设计属第一阶段。幸福课堂理念下的提问要求问题设置的内容能培养学生的发展感，因此从难度上来说应该是由易到难、循序渐进，问题应与被提问者的实际水平相适应；从内容上应贴合学生实际，激发学生的兴趣；提问的对象要注意点面结合，不能只顾举手的同学而忽略学困生。

在幸福课堂的英语教学中，以人教版九年级 Unit10 阅读课《Sad and beautiful》为例，因为文章与中国传统民间音乐相关，教师在导入环节设置了一连串的导入式提问：Do you like Chinese folk music? Can you name some Chinese traditional musical instruments? Do you know any traditional folk mu-sic? 再结合图片的展示，一开始就能激发学生往下阅读的浓厚兴趣。在阅读环节，当学生读到民间艺术家阿炳艰难坎坷的命运时，教师提出以下问题：What kind of life does Abing live? What can we learn from him? 从而启发学生与阿炳的不幸生活作对比，从阿炳身上发现他对艺术的执着和不向命运屈服的可贵品质。当阅读全文结束之后，在小组活动的环节，由学生以一名外国记者的身份向同伴提问有关阿炳的问题，在提问和回答的过程当中提升了传播中国文化的意识和民族自豪感，启迪了思维，体验到了幸福素养中的发展感。

3.检验

（1）检验的理论

检验在科学上是指用工具、仪器或者其他分析方法检查各种原材料、半成品、成品是否符合特定的技术标准、规格的工作过程。检验包含测定、比较、判定与处理四个环节。幸福课堂中的检验指的是通过考试、测验、听写等各种检查手段检查学生对所学知识技能的掌握情况，它针对的是五感中的获得感。"获得"强调一种实实在在的"得到"，不仅是物质层面的,也有精神层面的。获得感是得到后所产生的满足感。幸福教育中的获得感,是幸福教育一个非常重要的部分。学生在学完课程后能够掌握的内容,通过检验环节,让学生实实在在看到自己的收获,从而产生获得感与幸福感。

(2)检验的方式

根据检验的方式灵活多样,可以分为口头检验、书面检验、自我检验和小组互评等。根据课堂的不同环节,可以把检验分为复习检验、预习检验、任务检验、汇报检验。根据检验的目的,又可以分为知识检验、能力检验。

(3)检验的注意事项

检验内容的难度,需要根据学生的实际掌握情况和课堂环节来进行设计,而不要一味强调检验的形式而剥夺了学生的获得感。

在幸福课堂的数学教学中,如北师大版九上第一章《特殊的平行四边》中正方形的判定,检验环节可以让学生根据所学知识,绘制四边形、平行四边形、菱形、矩形、正方形之间的关系图,并能根据关系图说出每个图形的判定途径有哪些? 根据已知条件选择哪条途径更合适。图形的绘制、语言的描述,让学生逻辑更加清晰,对几何证明更有把握,收获满满,信心倍增。

4.展示

(1)展示的理论

课堂展示是指学生根据所学的内容向全班发表对某个话题或某个章节内容的理解或阐释的活动。展示针对的是幸福教育中的自我实现感,是让每个学生都有展示自我的机会,通过表演、演讲等表达方法或活动形式,展示学习后的所感所得,满足自身的成就感。

(2)展示的形式

幸福课堂展示的形式多种多样,可以是个人展示,也可以是小组展示,可以是正式上课前的一分钟演讲、也可以是学完当日内容后的成果展示,可以是演讲,也可以是角色扮演,甚至可以是思维导图或者手抄报等形式,总之核心的目的是让每位同学都有展示自己或者进行小组合作共同完成某一任务的机会,都能在展示的过程当中体验到自我实现带来的幸福感。

(3)展示的内容

课堂展示按照内容,可以分为自由主题展示、指定主题展示以及综合内容展示。展示的内容是学生对学习目标达成的体现,展示的内容应贴合学生学习内容,在此基础上鼓励学生发挥想象力和创造力。

在幸福课堂的美术教学中,人教版美术教材八年级上册的《喜悦与收获》一课,进行指定主题的展示,如学生通过学习活动设计学校运动会奖牌奖章,使用多媒体展示,可以放大、清晰地给全班同学展现自己设计的作品,讲解自己设计理念,更直观明了,学生更自信。人教版美术教材七年级上册的《我们的风采》一课进行综合展示环节,可以让学生说说自己设计制作的服装,同时到讲台上进行服装秀展示。既突出了趣味性,又让学生在合作中体验了幸福课堂的自我实现感。

如图4-1所示,幸福课堂四要素当中,无论是合作、提问、检验还是展示,都是基于课堂学习小组的活动和建设,它在幸福课堂实施的各个环节都起着至关重要的作用。学习小组是一个相对固定的小型集体,小组成员之间由于长期的交往、合作,彼此比较熟悉了解,形成了相对稳固的合作关系,非常有利于培养学生的归属感甚至责任感和荣辱感,这些都是学生走向社会之后获取幸福能力的核心素养。因此,学习小组的建设是落实幸福课堂四要素的核心和关键。

图4-1　"五感四要素"幸福课堂模型

第三节　幸福课堂的实施与评价

一、课堂教学评价标准

(一)什么是课堂评价标准

标准,衡量事物的准则。评价标准是人们在评价活动中应用于对象的价值尺度和准则。课堂评价标准是指对一切课堂教学活动质量或数量要求的具体规定,是衡量教师教学工作成就的尺度准则。课堂教学评价是学校教学的中心环节,有效地实施课堂教学评价,是提高课堂教学质量和学生素质的核心内容和重要手段。

(二)制定课堂教学评价标准的意义

客观、科学的课堂教学评价标准可以充分发挥教学评价的导向作用,了解课堂教学中存在的问题及不足,促进教学研究和改革;可以为教学管理提供一定的依据;可以促使师生获得反馈信息,及时调整教学;可以促使教师努力按照评价标准要求自己,明确并达到课堂教学评价标准,促进其专业发展。

(三)课堂教学评价标准应体现的特性

《基础教育课程改革纲要》指出,新的课堂教学评价应体现促进学生的全面发展、促进教师不断提高和充分调动教学双方的主动性与积极性,为教学双方在教学活动中展现自身潜质等三方面的价值取向。因此,着眼于学生发展的有效的课堂评价标准应体现科学性和时代性、客观性和可行性、导向性和激励性、全面性和发展性、整体性和科学性、稳定性和生成性。

表4-1 "幸福"课堂教学评价标准

授课教师_____ 科目_____ 年级_____ 日期_____

幸福感	主体	各项指标及基本表现	分值	得分
关系感	教师	尊重学生的个体差异,举止亲切,方式灵活,多用鼓励性语言	5	
		创设贴合学生实际生活的情境,设计师生、生生互动环节	5	
	学生	大多数学生能准确、及时捕捉教师传递的信息,并进行互动和反馈	5	
		大部分学生能和同伴分工合作,分享彼此的见解,交流情感与体验	5	
归属感	教师	根据课堂教学进展的情况与出现的问题,采取有效措施,调整教学环节	3	
		结合学情能设计有弹性、开放性、实践性的教学环节,把课堂交还给学生	3	
	学生	有主人翁意识,学习积极主动,能自我控调学习情绪,动静皆宜(课堂能从突然爆出笑声转到戛然而止,会从激烈的讨论转入冷静专注的聆听,有一种良好的学习情绪状态)	4	

续表

幸福感	主体	各项指标及基本表现	分值	得分
发展感	教师	能灵活利用各种教学资源激活课堂教学	3	
	教师	教学内容遵循一根主线层层递进的逻辑关系;教学环节引导学生思考与质疑、探索与实践,营造深度学习的氛围	3	
	学生	具有问题意识,敢于发现与提出问题,发表独到的见解	4	
获得感	教师	能驾驭课堂,满足不同层次学生的学习需求,目标达成度高	5	
	学生	学生在课堂上收获很明显,在学科核心素养方面得到了锻炼和发展	5	
自我实现感	教师	教学过程或课堂风格,能彰显个人的语言魅力、知识涵养等教学素养	3	
	教师	依据学生个体差异,设计有不同层次的练习题,以满足不同类型学生的需要	3	
	学生	各层次的学生能有机会展示自我,获得学习的成就感	4	
			总计	

如表4-1所示,六十九中的"幸福"课堂教学评价标准立足于教师、学生、学习小组三个层面通力合作,着力培养学生的关系感、归属感、发展感、获得感和自我实现感。

在培养关系感方面,教师要尊重学生的个体差异,举止亲切,教学方式灵活,运用鼓励性语言,着力培养和谐、融洽的师生关系。教师在课堂环节中,注重创设贴合学生实际生活的情境,通过设计师生、生生互动环节,来促进师生、生生之间关系的发展。在课堂中,大多数学生能准确、及时捕捉教师传递的信息,并进行互动和反馈,给老师以积极正向的回应,与老师产生共鸣和交流。在小组合作学习中,大部分学生能和同伴分工合作,分享彼此的见解,交流情感与体验。

在培养归属感方面,教师能够根据课堂教学进展的情况与出现的问题,采取有效措施,及时调整教学环节,提升教师对课堂生成的应对,增强教师对课堂的调控。在教学设计方面,教师能够结合学情设计有弹性、开放性、实践性的教学环节,把课堂交还给学生,充分体现学生的主体地位,提升学生的课堂归属感。课堂活动中,学生有主人翁意识,学习积极主动,并且能够自我控调学习情绪,能从突然爆出笑声转到戛然而止,会从激烈的讨论转入冷静专注的聆听,在课堂中保持一种良好的学习情绪状态,使整个课堂动静皆宜。

在培养发展感方面,教师能够灵活利用各种教学资源激活课堂教学,以促进教师的专业成长和发展。在开展教学活动中,教学内容要遵循一根主线层层递进的逻辑关系,设计的各个教学环节要引导学生思考与质疑、探索与实践,营造深度学习的氛围,增强教师教学设计和教学实践的能力,促进教师专业水平的提升。在课堂上,学生具有问题意识,敢于发现与提出问题,发表具有独到的见解,以促进学生的个人发展。

在培养获得感方面,教师能够驾驭课堂,满足不同层次学生的学习需求,高效达成教学目标,增强教师对课堂的满意度和课堂教学的获得感。通过课堂学习,学生在学科核心素养方面得到了锻炼和发展,提升了学生的课堂获得感。

在培养自我实现感方面,教师的教学过程或课堂风格,能彰显个人的语言魅力、知识涵养等教学素养,使教师的自身素质得以展现。教师能够依据学生个体差异,设计有不同层次的练习题,以满足不同类型学生的需要,使各层次的学生能有机会展示自我,获得学习的成就感,增强课堂学习的自我实现感。

总之,通过幸福课堂的实践研究,使师生固有的积极力量得到培育和增长,形成了积极的人格品质,提高了师生教与学的幸福指数。

二、课堂实施

(一)学科实践

学校幸福课堂形态在全校各学科中进行了推广与应用,并根据学科特点和课程类型进行了丰富与拓展,下面以语文、数学和美术三个学科的课堂模型为例进行介绍。

幸福课堂形态下的语文古文教学课堂模型是以培养学生语文学科素养为目标,通过了解学情—目标导引—趣味导入—以读促悟—设置活动—搭建桥梁—多元评价—作业设计等课堂环节中去实施课堂教学,在自主学习、小组合作探究、交流展示的学习过程中发展学生的五感（见图4-2）。

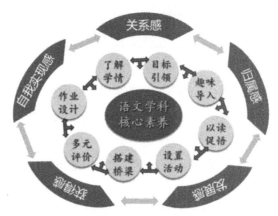

图4-2　文言文教学"八关注"有效形态研究

在新课程标准以及幸福课堂形态的指导下，以学生为中心，充分发展学生能力，培养学生的五感，形成了"三环节四要素"数学综合实践活动课堂有效形态（见图4-3）。

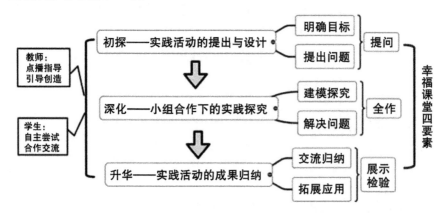

图4-3　"三环节四要素"数学综合实践活动课堂有效形态研究

幸福课堂形态在美术学科课堂实践探索中，课题组借鉴郑州市教研室开展的教学评一体化课堂评价方式，进行课堂教学模式的改革，形成以学生为中心的学，以小组为单位的做与评，以教师为辅助的教，以美术学科资源为依托的"三步五要素"美术课堂形态模型（见图4-4）。

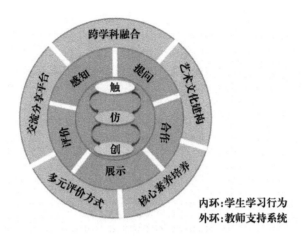

内环:学生学习行为
外环:教师支持系统

图4-4 美术"三步五要素"美术课堂有效形态研究

(二)课例实践

案例4-1:语文学科

《植树的牧羊人》教学设计

单元名称	第四单元 人生之舟	模块	小说
课题	植树的牧羊人	课题课时	1课时
		授课教师	王晓
背景分析		本课是七年级上册第四单元第二篇课文。本单元课文,从不同方面诠释了人生的意义和价值,彰显了理想的光辉和人格力量。本单元的要求是继续学习默读,在课本上勾画关键语句,在整体把握文意的基础上,理清作者思路。本课是一篇著名的绘本故事,作者虚构了一个在贫瘠荒原孤独种树的牧羊人形象,通过荒原前后境况的对比,突出人物品质,表达了对老人的赞美和敬佩之情。全文以叙事为主,展示牧羊人改造荒原的努力,最后以议论点题。这种议论与叙述的有机结合,使文章动感人,值得悉心体会		
学情分析		七年级的学生刚刚进入中学阶段,正是人生观、价值观树立的关键时期,学习本单元,有助于学生美好品质的培养。再加上本单元课文内容浅显,学生都能从文本中或多或少有所收获,因此本单元侧重于学生不同的阅读体验。 七年级学生已经有了一定的生活阅历,也有自己对人生意义和人格品质的思考,因此学习本课时学生可以结合自己已有的经验和阅读体验进行,这样对文本会有一个更丰富的感受,更多地让学生有获得感和发展感		

续表

设计意图	本课在阅读方法上主要运用默读,在分析文本时主要采用圈点勾画的学习方法。本课重在学生自身从文本中获得的阅读体验,因此采用自主、合作、探究的学习方式进行,真正发挥学生的主体作用,让学生从文本中获得自己对人生的有益启示,引导他们以后在学习和生活中的价值取向,丰富学生的获得感
学习目标	1.默读课文,理清文章脉络,概括"我"与牧羊人三次见面的情形以及高原上的变化。 2.精读课文,结合课文中描写牧羊人的语句,分析牧羊人的人物形象。 3.结合自己的生活体验和课文内容,谈谈对课文主题的认识

教学过程				
学习目标与评价	课堂要素	教师活动	学生活动	对应的五感
学与教活动设计	激趣导入	枫树里,流淌着源源不断的泉水,浇灌着长在周围的鲜嫩薄荷,人们的笑声在乡村聚会上飘荡。这美丽的地方,在30多年前却是一片荒地,不见人烟。创造这一奇迹的人,就是本课要学习的《植树的牧羊人》中的主人公	激起学生的兴趣,启发学生的思考	培养学生的发展感
目标1:默读课文,理清文章脉络,概括"我"与牧羊人三次见面的情形以及高原上的变化	合作+展示	1.教师出示课后习题表格,要求学生默读课文,理清文章的脉络,填写表格并展示。 2.提问:梳理完表格,这篇课文按照怎样的顺序叙述的?运用了怎样的写作手法?	1.学生先自行默读课文,填写表格,再以小组为单位,进行小组合作与交流,完善表格内容。 2.学生展示成果,并回答问题	培养师生、生生之间的关系感、学生的获得感和自我实现感
目标2:精读课文,结合课文中描写牧羊人的语句,分析牧羊人的人物形象	展示+检验	1.教师出示示例,要求学生参照示例,以"他是一个一的人"的形式说说学生对牧羊人的认识。注意结合课文中的描写牧羊人的相关语句(包括直接描写和间接描写)。(友情提示:运用圈点勾画的学习方法,在文中划出相关语句。) 2.在学生回答之前,教师讲授直接描写和间接描写的知识,便于学生理解课文	学生找出描写牧羊人的段落,结合文本,划出关键语句,分析人物形象。 (小组合作)	培养师生、生生之间的关系感、学生的获得感和自我实现感

续表

目标3：结合自己的生活体验和课文内容，谈谈对课文主题的认识	提问+展示+检验	课文首尾两段是作者对牧羊人的评价，前后呼应。结合课后习题三，谈谈对课文主题的认识	1.学生阅读材料，结合自身和社会实践，谈谈对课文主题的认识，思考牧羊人行为的意义。2.我们所处的社会中也有很多默默"种树"的人，他们以非凡的毅力、辛勤耕耘，种植着希望和幸福。你知道这样的人吗?试为他写一段文字，记录下他的事迹，并写出你的评价和感受	培养学生的关系感、获得感和自我实现感
	课堂小结情感升华	教师小结：本文以时间为顺序，以荒原到绿洲的变化为线索，写了作者三次遇见牧羊人的经过，牧羊人穷尽半生，用自己的双手和坚忍的毅力使荒漠变成了绿洲，变成了人们可以安居乐业的田园。赠人玫瑰，手有余香；那牧羊人与人森林，手握幸福。为自然，也为他人做出贡献，幸福别人的幸福，才是真正的幸福		

《植树的牧羊人》评课记录

吴琦老师认为王老师的这节课思路清晰，各个板块遵循一个主线，由浅入深层层递进，从情节把握到人物分析到主题挖掘，如阶梯状层层推进，学生沿着问题"拾级而上"，直至达到目标。这说明，教师对自己的教学内容有极为清晰的认识，因而能够围绕核心，删繁就简，设计目标清晰而富有启发性的问题，积极引导学生思考与质疑、探索与实践，努力营造深度学习的氛围。学生积极发言，具有一定的问题意识，能够发表独到的见解，具有一定的发展感。

黄文霞老师则认为王老师整堂课能够根据课堂教学进展的情况与出现的问题，采取有效的措施，调整教学环节，把课堂交还学生，通过提问、检验，使学生有充分展示自我的机会，尤其是在第二个环节分析人物形象部分，很多学生能够找到体现牧羊人人物形象的关键语句，学生课堂状态良好，学习积极主动，有主人翁意识。整节课具有一定的归属感和获得感。

马豪娜老师则从关系感和自我实现感两个方面进行了评课。在本节课中，王老师善于抓住语言，引导学生或静心默读，或深情朗诵，或细细咀嚼，认真体会文章中的用词方式，反复揣摩人物在特定情境中的语言、动作、神态等细节，准确把握人物的个性特点，真切感受语言文字背后所蕴含的情感和思想。例如，当学生找出"三年来，他一直这样……长成大树"这段话，并说明了这句话体现了牧羊人坚强的毅力后，教师并没有就此罢手，而是让学生比较带有数词的句子和不带数词的句子的不同，体会"十万颗""两万颗""一万颗"等数词后透露出的艰辛和不易。同时又辅以朗读，抓住重音、注意停顿、放慢语速来强调这些词语，更深地领会数词在文中凸显人物品质的作用。又如，当学生找出体现牧羊人无私心灵的句子："这块地是你的吗？他摇摇头说，不是。那是谁的地？是公家的，还是私人的？"教师让学生发挥想象，在"摇摇头"前试着加上一个表示神态的词语。学生通过对上下文的理解，给出了"缓缓地""淡淡地""毫不在意地"等词语，清晰地呈现了牧羊人的形貌和性格特点，合理填补了作品留下的空白，也深刻理解了文本所蕴含的思想意义。更多的时候，教师让学生抓住关键句，学文悟理，提升理解力和精神境界。根植于语言的教学，才能有课堂的深度，才能有思维的广度，也才能提升学生的语文素养，丰富学生的心灵世界。

宋淑敏老师则指出了本节课一些值得商榷、需要改进的地方：一是语文知识和阅读方法还没有很好地与教学内容渗透融合。语文是工具性与人文性的统一。在本节课中，教师更多的是关注人文教育的功能，而工具性的落实相对弱化。二是活动安排不够紧凑，前松后紧，造成了第三个板块完成的不理想。课堂是遗憾的艺术。我们对课堂的追求永远只会是"没有最好，只有更好"。上好一节课，永远在路上。

一堂好的阅读课，需要有恰当的适合学生的文本解读，有充满语文味的语文活动，有语文素养的有效训练，有学生精神成长的积极引领。在本堂课中，王老师通过自己对文本的深透理解，引领学生穿行在文本的字里行间，不断开启学生对文本的新的认识，深入理解文本的内涵，完成了一次语言文字的畅游和人文精神的探寻。

《植树的牧羊人》教学反思——王晓

《植树的牧羊人》是七年级上册第四单元第二篇课文。本单元课文,从不同方面诠释了人生的意义和价值,彰显了理想的光辉和人格力量。这一单元的要求是继续学习默读,在课本上勾画关键语句,在整体把握文意的基础上,理清作者思路。本课是一篇著名的绘本故事,作者虚构了一个在贫瘠荒原孤独种树的牧羊人形象,通过荒原前后境况的对比,突出人物品质,表达了对老人的赞美和敬佩之情。

另外这篇课文的写作顺序十分清晰,易于学生自主梳理情节,有助于在学习过程中实现学生的发展感和自我成就感。基于以上分析,我先从记叙文的文体特征入手,结合教材思考探究的问题设置,定下了本堂课的教学目标:先让学生默读课文,通过勾画关键语句,理清课文脉络。再精读课文,了解牧羊人的形象,学会归纳人物形象的方法。最后迁移出课堂,结合自己的生活体验,思考牧羊人植树行为的意义。

我整堂课的教学设计基本上按照课后"思考探究"的习题完成的,以学生的自我展示为主,通过课堂的提问来实现。特别是"说说牧羊人是一个_____的人",给出了示例,我们就可以通过课文的例子逐步引导学生去掌握认识一个人物形象的方法。我认为一堂课的重要价值就在于将学生该学会的阅读方法和策略、知识能力传授到位,有助于提升学生的能力,实现发展感和获得感。这堂课的重点和难点在于让学生学会认识一个人物,从会分析一个人物到会分析所有人物,再扩展到自己日常的拓展阅读中。就教学目标来说基本上是达成的,但还有更为细小的地方能进一步提高,例如学生回答出牧羊人的人物性格之后,其实还能再深入和他们一起总结出牧羊人这个人物的外在性格与内在品质,进而得出一个分析人物的方法,以后归纳人物形象都可以从这两方面入手。在这节课中整体学习目标是非常清晰的,从理情节到分析人物形象,最后理解主题,可以说层层递进,逻辑清晰,最后的多角度分析文本主题,积极引导学生思考与质疑、探索与实践,营造深度学习的氛围。

在学生方面,有自学,有合作,有思考,有个性化的表达,大部分学生能和同伴分工合作,分享彼此的见解、情感与体验,学习积极主动,积极倾听,学生的收获很明显,大大增强学生之间的关系感。

另外,我认为不足的地方还在于我仅仅是让学生去表达他们的观点,但是并不是他们自己得出答案。例如牧羊人的性格,大部分学生能根据文本归纳出来坚持、执着、有毅力、有信念等,这时我本应顺势让学生自己去归纳文章的主旨,总结人物的魅力,我却由于时间原因就直接给出答案,这实际上对于学生语言的建构与运用、思维发展与提升的帮助并不是很大。

另外这节课在第二个目标上学生展示时间过长,导致第三个目标没能顺利完成,还需要加强课堂教学的时间管理。

案例4-2:数学学科

基于幸福课程理念的数学教学案例设计
——以七年级下册《轴对称现象》教学设计为例
设计者:王云

人民的美好生活,离不开美好的教育,离不有内涵、有品质的教育。郑州市提出"坚持美好生活从美好教育开始,高质量建设郑州'美好教育'",提升人民群众教育的获得感、幸福感、安全感。中原区在区域教育生态构建中提出创造高品质的教育,在课程实施中落实五育并举,将"做有品质的教育"作为中原教育人的价值追求。

基于国家教育指导思想,区域美好、品质教育内涵及我校历史文化及学情特征,我校将"培养孩子获得幸福的能力"作为学校办学理念,构建幸福教育课程体系。在课堂实施过程中,将培养五大幸福素养:即培养师生的关系感、发展感、获得感、归属感、自我实现感,作为课堂评价重要指标。

本节便以《轴对称现象》教学设计为例,来谈谈在我校幸福教育理念指导下,通过课堂四个教学环节:合作、提问、检验、展示,来培养五大幸福素养的课堂教学模式。

一、案例背景

(一)生活背景

轴对称现象在生活中非常常见,许多建筑、艺术作品包括我国许多珍贵文物中都具有轴对称的特征,对轴对称现象的学习能够充分体现出数学来源于生活,亦能应用于生活,同时能够在生活与数学的联系中感受到数学之美。

2021年,河南卫视一系列的奇妙游节目火遍全网,通过匠心的节目向世人介绍了河南地标、河南文化,展现出大美中原的魅力,彰显了我们对文化的传承与自信。在第一单元"元宵奇妙夜"的节目中,憨态可掬的唐宫小姐姐带领我们去往不同的场景:繁华都市郑州、洛阳应天门、明堂、登封观星台、清明上河园等,许多景观恰好具有轴对称的特征,和《轴对称现象》一节课相呼应。我便以此为课堂引入的契机,将视频中的场景转化为易于观察的平面图片,带领学生观察并归纳特征,开启学习之旅。

(二)教材分析

《轴对称现象》是北师大版七年级数学下册第五章《生活中的轴对称》的第一节,有着起始课的作用。轴对称不仅是现实生活中的一种现象,还是一种数学思想和方法。本节课的学习为后面探索轴对称的性质及学习其他的数学知识奠定了基础。

(三)学情分析

1.学生已有基础

知识基础:本节课内容为图形概念学习,学生在小学阶段与七年级上册已经积累了相关图形学习的经验,因此能够完成教学过程中相关提问与交流任务。

经验基础:轴对称现象与生活联系紧密,课程中涉及的图文材料来源于生活,因此学生在学习过程中能够重充分利用自己的生活实践,利于知识的学习吸收;课程中有两组动手实践活动,七年级学生已经具备相应的动手能力,能够胜任该环节任务。

2.学生面临的问题

学生在此阶段好奇心强,学习积极性高,但由于数学活动经验较少,语言概括与表达能力不足，因此会出现对概念表述不清晰、理解不透彻的问题。

二、教法、学法

遵从新课标指出的，学生是学习的主体，教师是学习的组织者、引导者与合作者。本节课采用动手操作、引导发现的教学方法。通过带领学生观察、归纳、操作、思考等环节，引导学生自主发现并归纳总结出相关概念，让学生处于积极主动的探索学习状态，让课堂能够生动有趣，在师生互动、生生互动的过程中发展学生的五大幸福素养。

三、教学目标

（一）知识与技能

1.通过观察生活中的轴对称现象，总结出轴对称图形的概念，能够识别简单的轴对称图形并找出其对称轴。

2.通过实践操作与观察活动，总结出两个图形成轴对称的概念。

3.通过类比探究活动，发现轴对称图形和两个图形成轴对称的区别和联系。

（二）过程与方法

1.培养学生的观察、操作、说理能力和数学语言规范表达的能力。

2.欣赏生活中的轴对称现象，学会从数学角度解决实际问题，培养学生理论联系实际的数学应用能力。

（三）情感、态度与价值观

1.让学生在观察、合作、讨论、交流中感受数学的实际应用，培养学生的合作精神和勇于探索的创新能力。

2.学生在探索问题的过程中，体验解决问题的方法和乐趣，增强学习兴趣。

四、案例内容设计及说明

第一环节：视频、提问引入——欣赏美

播放元宵奇妙夜的短视频，引发学习兴趣。

用图片展示视频中出现的几个场景：郑州千禧广场、二七塔，洛阳应天门、明堂，登封观星台，清明上河园的倒影图等。

提问：图形有什么共同特征？

环节说明：通过视频、图片的展示，相关文化的介绍与提问，一方面引发学生学习兴趣，另一方面让学生感受河南文化，激发文化自信，培养学生的发展感、归属感。

第二环节：探索轴对称图形的定义

（一）归纳概念：提问、合作——抽象美

1.提问：你能结合归纳它们的特征，再举生活中具有相同特征的一些例子吗？

2.展示更多生活图例（脸谱、剪纸作品，蝴蝶图案等）。

3.演示蝴蝶图案对折的动态效果，引导学生归纳轴对称图形的概念。

4.展示轴对称图形概念，并强调概念中的关键点。

环节说明：在提问与合作中培养学生的发展感以及生生之间、师生之间的关系感。

（二）动手操作、展示——创造美

1.引导学生动手操作，将色卡纸对折、画图、裁剪，创作一幅剪纸作品。

2.提问：你所制作的剪纸作品具有什么样的特征？

3.挑出部分剪纸作品在黑板上展示，带领学生欣赏观察，初步感悟理解轴对称图形概念。

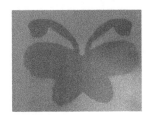

环节说明:由学生课堂制作剪纸作品并观察特征,充分体现学生课堂的主体地位,学生在自主探索学习中发挥积极主动作用。通过展示学生的手工作品,认可他们的操作成果,培养学生的获得感。

(三)跟踪检测、练习巩固——应用美

1.观察判断一组图形是否为轴对称图形,并找出轴对称图形的对称轴。通过练习巩固概念。

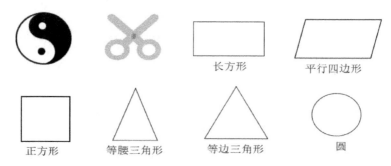

2.对比观察,加深理解:判断莲鹤方壶从不同角度观察到的平面图像是否为轴对称图形。

归纳:(1)轴对称图形是一个平面图形,而非立体几何体;(2)不同角度观察结果不同,判断是否为轴对称图形要结合定义特征:沿一条直线折叠后两边能否重合来判断。

环节说明:通过及时练习巩固概念,实现学以致用,学生利用所学知识能够较好完成题目,获得认可,在展示回答过程中感知自我学习的价值,培养学生获得感和自我实现感。

第三环节:探索两个图形成轴对称的定义

（一）动手操作、展示——创作美

带领学生完成一幅吹墨画作品:在一张纸上滴一滴颜料,吹出造型,迅速将纸对折、压平、展开,观察所得图案的特征。

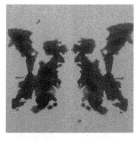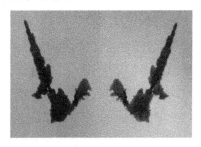

（二）归纳概念——抽象美

观察所得图形,类比轴对称图形概念,归纳得出两个图形成轴对称的概念。

环节说明:通过制作展示自己的作品并从中归纳相关概念知识,发挥出学生学习的主体地位,锻炼学生动手操作能力,增加课堂趣味性,培养学生的获得感和自我实现感。

第四环节:

提问、合作、展示——探究美

对比所学的两个概念,并结合上面的探究练习过程,小组合作讨论轴对称图形和两个图形成轴对称的区别与联系。利用表格进行归纳总结。

	轴对称图形	两个图形成轴对称
区别	一 个图形	两 个图形
联系	1.沿一条直线折叠,直线两旁的部分能够 　互相重合 　。 2.都有 　对称轴 ,对称轴都为一条 　直线 　。 3.如果把一个轴对称图形沿对称轴分成两个图形,那么这两个图形关于这条直线 　成轴对称 ;如果把两个成轴对称的图形看成一个图形,那么这个图形就是 　轴对称图形	

环节说明:学会对比分析,在小组交流合作的过程中培养生生之间的关系感,通过小组展示合作交流成果,培养学生获得感。

第五环节:检验、合作——应用美

应用本节课所学知识,完成相关题目。

利用磁力片拼图,摆出轴对称图形。

学生活动:独立完成前三题,完成后在小组内交流讨论,发现并解决问题。小组合作进行拼磁力片的活动,尽量拼出所有可能情况.

环节说明:在小组合作中培养生生之间的关系感,利用所学知识完成问题及作业,培养学生获得感和自我实现感。

第六环节:课堂小结,情感升华——延伸美

归纳总结本节所学知识点及所应用的数学学习方法。

结束语:华灯下的应天门绚丽多彩,美轮美奂。上下五千年的历史进程给我们留下无尽的文化、物质财富,等待我们去探寻。希望同学们珍惜学习的时光为自己积蓄力量,用心去感悟中国之美,更希望大家在未来能利用自己的所学所识,创造出新的中国之美!

环节说明:由知识层面延伸到学习生活实践层面,进行一次情感的升华,与本节课的引入环节相呼应,通过情感的调动培养学生民族层面的归属感,激发学生学习积极性。

五、案例分析与反思

本节课将实际背景贯穿课堂,安排丰富的动手操作、探究活动,引发学生课堂学习兴趣,同时将数学知识与生活实践相结合,体现理论联系实际的教学理念,让学生能更直观感受到数学来源于生活、亦能应用于生活,从而培养学生学会用数学的眼光观察世界、用数学的思维思考现实世界,用数学的语言表达现实世界,体现数学核心素养。

教学环节以"美"为主线来贯穿,培养学生审美能力,让学生感受数学之美,将"美育"渗入数学课堂。学生既有知识上的收获,又有情感上的收获。

我校幸福教育提出的五大幸福素养具体可描述为以下几个方面:

一是关系感,主要是师生、生生之间关系和谐。学校是由教师和学生组成的学习共同体,在这个共同体中让学生感受到我是被老师、同学需要的;课堂是师生合作与互动的场所,用合作形式的课堂活动,促进关系感的发展。

二是归属感,主要是学生对学校文化与育人目标等方面的认同,在课堂上学习积极主动,能自我调控学习情绪,有主人翁意识。

三是发展感,主要是培养学生在学习中要能感受到自己的进步和成长,在课堂上发展感的培养要求教师要有提问,引导学生思考,提问的问题要逐步加深,让学生的思维随之深入思考,在思考的过程中获得发展。

四是获得感,学生在学完课程后能够掌握的内容,通过检验环节让学生实实在在看到自己的收获,从而产生获得感与幸福感。

五是自我实现感,是学生有展示自我的机会,通过多种活动形式展示学习后的所感所得,满足自身的成就感。

本节课以培养学生五大幸福素养的教育理念为导向开展教学。课堂紧密联系生活实践,从"元宵奇妙夜"的视频引入,让学生感受河南文化,激发文化自信,增强学生归属感;在概念教学过程中通过引导学生自主观察、动手操作、相互交流,最后用语言归纳的方法,一步步启发引导,能够充分调动学生参与课堂的积极性,培养学生的发展感和自我实现感;引出概念后立刻进行相应的跟踪检测,可以强化知识的吸收巩固,增强学生的收获感;在交流讨论环节中,教师激励学生积极展示小组合作成果并进行鼓励性评价,利于培养生生之间、师生之间的关系感,增强自我实现感。通过合作、提问、检验、展示等教学活动,培养学生幸福素养,培养学生获得幸福的能力,符合我校幸福教育理念。

第五章 课程评价 幸福萌芽

第一节 课程评价体系

一、课程评价体系的构建

(一)课程评价理论基础

1.多元主体理论

19世纪末由梅特兰、拉斯基等人提出多元主体理论,其核心是各个主体发挥自身职能,相互联系并相互影响。多元主体理论能帮助我们更好地理解课程评价的特征,分析不同主体的选择和要求,进而有助于提出更加完善的课程评价体系。

学校课程评价体系的构建层次多样、系统复杂,牵扯到多方面,其主体就是评价中不同身份的代表者。从多元主体理论的视角,要求重构原有的课程评价体系,并不断地对其进行设计与再设计。一是重构多元主体之间的关系和角色,以新的方式共同完成课程评价;二是注重多元主体以平等的地位共同参与到课程评价中;三是在各个主体中极力寻求协作的连接点和兼容接口,优化课程评价体系的结构,搭建分层分类的评价体系;四是探索多元主体动态、协商、参与的机制,切实增强课程评价的实效。[①]

2.过程性评价

过程性评价是一种在课程实施过程中对学生学习、教师教学进行评价的方式,采取目标与过程并重的价值取向,对课程学习的效果、过程以及与学习密切相关的非智力因素进行全面的评价。通过课程过程性的评价对学生的学习质量水平、教师的教学质量做出判断,促进学生对学习过程、教师对教学过程进行反思,从而使学生更好地把握学习方法,教师更好地掌握教学技能。在学校课程评价体系中提倡和强调过程性评价是针对过去的评价过分重视静态的、可量化和浅层次的学习成果,而忽视了对学生动态的、难以量化的和高层次的学习效果,而提出的对促进教师教学方式和学生学习方式的转变、保证学校课程的有效实施是非常重要的。[②]

(二)课程评价体系构建过程

基于以上的理论基础,结合华南师范大学左璜教授提出的"STS-BIP"评价模型,在参考了大量的课程评价文献的基础上,拟出初稿,广泛征求教育专家、学校领导、一线教师、家长代表、学生代表的意见,经过反复琢磨和修改,最终构建了"三主体—三维度—24指标"的课程评价体系标准。经过实践证实,该评价体系能够与教育教学实际相结合,有很强的可操作性,充分体现了多元主体理论和过程性评价原则。

(三)课程体系简介

六十九中评价体系基于"STS-BIP"评价模型进行构建,分别从学校、教师、学生三个层面进行评价。学生和教师层面的具体评价指标围绕着"基本素养""特殊素养""过程体验"几个方面,相对应的学校层面从"基本质量指标""特殊质量指标""过程性指标"来评价(见图5-1)。

---

① 贾小鹏、胡晓云:《多元主体理论视域下中小学教师培训协同创新研究》,《教育观察》2020年第9期。

② 吕润美:《新课程地理学习过程性评价研究》,华东师范大学博士论文,2007年。

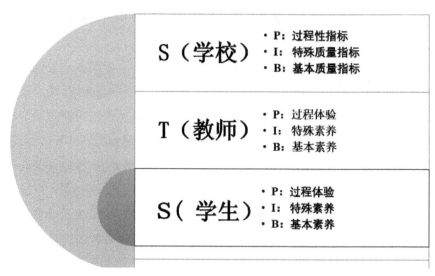

图 5-1　STS-BIP 评价模型

在 STS-BIP 评价模型中,学生层面是核心,教师层面是支撑,学校层面是结果。

在构建学校课程评价体系的过程中,我们结合了学校的育人理念,即培养学生获得幸福的能力,以及学校现有的评价内容和方法,具体指标如表 5-1 所示。

表 5-1　郑州市第六十九中学幸福课程评价体系

层面	一级指标	二级指标
S:学校(结果)	P:过程性指标	内部满意度
		外部满意度
	I:特殊质量指标	办学理念
		学校发展
	B:基本质量指标	教学质量
		五育并举
T:教师(支撑)	P:过程体验	学校归属感
		幸福感
		成就感
	I:特殊素养	幸福理念

续表

层面	一级指标	二级指标
		跨学科素养
		教学成果
	B:基本素养	师德师风
		专业成长
		学科素养
S:学生(核心)	P:过程体验	幸福感
		参与度
	I:特殊素养	关系感
		归属感
		发展感
		获得感
		自我实现感
	B:基本素养	学业水平
		综合素质

　　学生层面评价的基本素养为学业水平和综合素质；特殊素养为关系感、归属感、发展感、获得感、自我实现感五个方面；过程性体验分为幸福感和参与度两个指标。

　　教师层面的基本素养包括学科素养、师德师风、专业成长，特殊素养包括教学成果、跨学科素养、幸福理念，过程体验包括学校归属感、幸福感、成就感。

　　学校层面的基本质量指标包括教学质量、五育并举两个方面，特殊质量指标包括办学理念和学校发展两个方面，过程性指标包括内部满意度和外部满意度。

　　以上为学校课程评价体系的整体框架，为学校课程体系的构建、实施、评价奠定了坚实基础。

二、课程评价内容

(一)学校层面

学校层面的基本质量指标包括教学质量、五育并举两个方面；特殊质量指标包括办学理念和学校发展两个方面;过程性指标包括内部满意度和外部满意度。

1.内部满意度

满意度通常是指人的心愿在得到满足后所表现出来的一种心情愉悦的感受,是一种心理状态,是一个人对客体的主观评价。如果想要量化这种心理状态,那么这个量化的数字就是我们常说的满意度。满意度是通过量化的方法展现出满意水平的高低。这个数字越高表明客体越符合预期。将满意度概念扩展并应用到教育领域中,得出课程满意度。

评价指标内部满意度主要是指学校内部教师、学生对于学校课程体系的满意程度,即评价课程的主体是教师和学生。

学生对课程的满意度可以看作是学生在学习中,对学校提供服务所产生的满意或者不满意的感觉状态。一方面可以通过满意度反映学校的教学质量,让学校看到自己的长处和需要改进的地方,对教师的教育教学也具有一定的激励作用,让老师得到反馈。另外一个方面,学生对课程的满意度也能反映学生的需求,保障他们自身的利益。

老师作为学校课程实施的主体,对于学校课程体系建设有着非常宝贵的实践经验,在学校课程建设中,教师的意见、建议及满意度是我们必须考查的一项指标。[1]

2.外部满意度

外部满意度主要是指学校外部如家长、社会各界及校外专家等对于学校课程体系的满意度。

家长满意度的概念源自经济学的经典理论——顾客满意度理论。所谓顾客满意度,指的是顾客在经历某种特定的服务或者商品后,所激发的内在的情感反应。顾客满意度与个人价值观、个人主观心理感受以及外在的服务环境因素紧密相连。初中是奠定个体个性的重要时期,而学校课程

---

[1] 陈倩:《基于职业核心素养的中职财经商贸专业课程满意度评价研究》,辽宁师范大学硕士,2021年。

则是实现教育理念、促进个人发展的重要桥梁。其目的是青少年个性化且全面的发展,而家长作为学生的重要法律监护人,是学校课程的重要利益相关者。

学校课程体系的建设,不能闭门造车,要广泛听取意见,与时俱进,联系社会现状,需要特别是要征求教育领域的专家学者的看法。他们能够站在更高的层面对学校整体课程建设的科学性给予宝贵的建议,所以在评价学校课程建设时,要征求社会各界及校外专家的指导,使得学校课程的建设和发展更加合理。[①]

3.办学理念

有句话叫"学无止境",办学同样是"教无止境"。立德树人根本任务的实现、学生核心素养的培养、与时俱进的教育发展大势、百姓对教育越来越多的渴望和关切,都要求学校要不断提高办学质量和品质。如果说办学理念决定着办什么样的学校,怎么才能办好学校,那么课程体系就是理念生成的有效载体、目标达成的具体实施办法和举措。老师怎么教课,想培养什么样的学生,教育教学质量能达到什么程度,学校特色如何形成等,都需通过课程体系来实现。学校课程建构的起点,应该是学校的核心理念,因为它能体现学校的价值取向,是课程创新的灵魂。学校在发挥对课程的领导方面要突出对课程价值取向的指导性,既要将课程分类聚焦于办学理念,又要强调对课程的系列化建设,才能让课程有效发挥对理念的承载和丰盈作用。同时,也要针对不同类别课程的发展特点进行分层规划,形成课程之间围绕办学理念的"蛛网式"格局,形成互相补充、互相完善、协同发展的态势。因此构建学校整体课程体系是实现课程与学校办学理念联动发展的关键。[②]

4.学校发展

2019年,中共中央、国务院颁发了《关于深化教育教学改革全面提高

---

① 韩学信:《公立幼儿园课程家长满意度现状研究》,辽宁师范大学硕士论文,2019年。

② 朱科锋:《以办学理念引领学校课程建设》,《教育视界》2020年第7期。

义务教育质量的意见》,强调要"实施义务教育质量提升工程,促进县域义务教育从基本均衡向优质均衡发展"。义务教育的"优质均衡发展",一方面是不断提高义务教育标准化建设水平,不断扩大优质教育资源覆盖面,在校舍、设备、教师等基本教育资源上实现更加优质的配置,提高到更高标准,并将校际差距进一步缩小;另一方面要将工作重心摆在全面提高质量上,更多地关注义务教育学校发展建设,关注学校管理、课程教学改革,最终实现促进学生全面发展的教育目标。

学校课程体系的建设是评价一所学校的主要指标,进行课程体系建设非常必要。

首先,课程是落实立德树人的关键,是育人的载体和依据,是组成学校要素中的核心要素。在学校里,课程连接着学校和学生两头,针对学生的教育教学主要是通过课程实现的,学生在学校的活动几乎都和课程相关。课程的竞争力决定学校的竞争力,课程的影响力决定学校的影响力。

其次,学校课程建设是学校生命力的核心。学校要走特色发展的路子,必须进行课程建设,要有与之匹配的特色课程作为支撑。学校课程有特色,学校自然有特色,而且是有内涵、有创造力和有生命力的特色。

第三,如何开发适合本校、本地区的校本课程?作为国家课程的重要补充,满足学生多方面、多层次的需要,形成自己学校的特色,正是目前学校面临的困难和值得研究的课题,这恰恰又是我们的短板。所以搞好学校课程建设理当成为提高学校教育教学质量的重要举措。

5.教学质量

教学水平的高低和教学效果的优劣,或者说是在一定时间内和一定的条件下,学生发展变化达到某一标准的程度。衡量标准是教学目标和各级各类学校教育目的的实现程度。[①]

教学质量是学校的生命线,进行科学有效的课堂教学质量评价是对教学质量监控的重要手段之一。课程教学质量评价对推进课程教学改革,提

---

① 教育学名词审定委员会:《教育学名词》(第一版),高等教育出版社,2013年。

高课堂教学质量,完善学校教学评价体系等具有十分重要的意义。明确以学生为评价主体,确定以课程教学为评价对象,优化和创新评价组织工作机制和评价结果运行机制,可充分调动学生参加课程教学质量评价的积极性,打消教师和学生对评价的顾虑,有效地保证评价的公平性、学生的参评率以及评价结果的有效性、可信度,切实提高教师教学水平和课程教学质量。

6.五育并举

人才培养体系涵盖了学科课程体系、教学体系、教材体系、管理体系多个要素和环节,其中课程是育人育才的重要依托,是对教育目标、教学内容、教学活动方式的规划和设计,是教学计划、教学大纲等诸多方面实施过程的总和,是学校教育教学活动的基本依据,直接影响人才培养质量。新时代德智体美劳"五育"并举的学校课程建设是指学校根据新时代平衡充分发展的要求,构建德智体美劳有机统一的"五育"并举课程体系,包括由低向高三个递进层级:一是开足补齐德智体美劳各育课程,二是强弱提质德智体美劳各育课程,三是有机统一德智体美劳各育课程。具体可以根据学校实际,以"五育"并举思想为灵魂贯串国家课程、地方课程和校本课程的核心,通过对国家课程、地方课程和校本课程的充实完善、转化改良或专门创建增设"五育"并举校本课程,逐步建立有机统一健全的德智体美劳"五育"并举学校课程体系。[①]

(二)教师层面

教师层面的基本素养包括学科素养、师德师风、专业成长;特殊素养包括教学成果、跨学科素养、幸福理念;过程体验包括学校归属感、幸福感、成就感。

1.学校归属感

归属感是个人认同自己所在的群体,并感到自己也被群体认可和接纳

---

① 孟万金、姚茹、苗小燕、张冲:《新时代德智体美劳"五育"并举学校课程建设研究》,《课程·教材·教法》2020年12期。

而产生的一种隶属于这一群体、与这一群体休戚相关的感觉。因此，每个人内心深处都存在着强烈的归属感，归属感是每个人一种基本的心理需要，学校归属感指教师作为学校的一分子，对于单位的隶属感、责任感。

马斯洛把人的需求由低到高分为五个层次，分别是生理需求、安全需求、爱和归属感、尊重和自我实现。一般情况下，只有在低级需求得到部分满足之后，才会出现更高一级的需求。而要想达到自我实现，在这里可以理解为教育成就，学校归属感的获得是必不可少的。

学校归属感促进了教师自我概念的形成。"我是什么样的教师，有什么样的风格特点"是教师在职业发展中不断探究的问题，而教师在学校中的成就及与学校的关系构成了这一问题的一部分答案，教师对"自我"的认识，按"镜像"理论，也是来自同学、教师等学校因素对自己的反馈。学校归属感使教师自愿把自己在学校中的教学成就以及与学校的关系纳入自我概念中，从而使自我概念更加丰富和深刻，而且它也使教师容易接受来自同学、教师对他的反馈，产生及时可靠的自我认识。

2.幸福感

在教育学上，教师职业幸福感定义分为四个层面：其一是在教育教学活动中自身获得发展并体会自身价值，其二是在教育教学活动中实现职业理想，其三是在教育教学活动中拥有和谐的人际关系，其四是保持一种身心愉悦的感受。教师职业幸福感是指教师在教育教学活动中，有着清晰正确的幸福观，通过努力自身得以发展，通过教学职业理想得以实现，通过交往拥有和谐关系的身心愉快状态。具体包括健康幸福感、教学幸福感、主观幸福感和社会幸福感。

教育的关键在于教师，而教师在教学中的感受，直接影响了学生在教育中的感受。东北师范大学教师教育研究院执行院长李广也认为"伴随全球教育改革的热潮，教师的发展日益成为全球教育发展的重大课题，一定程度上，教师的质量决定了教育改革的成败。"

人的幸福感来自物质层面和精神层面的满足，精神层面的满足是教师职业认同的主要基础。教师在教学过程中缺失幸福感，会导致工作的过程中不断积累负面情绪,压力不断增加,身体过度劳累,提前进入职业倦怠期。这会影响教师的教学质量和水平,也直接对学生的身心健康发展产生负面影响。只有教师在教学的过程中产生幸福感,学生才能从学习的过程中感受到幸福,培养学习的乐趣。

3.成就感

关于成就感的基本内涵,我们最简单的理解就是成功,但在学术研究中,成就感在不同的语言环境中,其意义不一样,我们主要从以下几个方面理解。

对于"成就感",《现代汉语词典》中是这样表述的:"是人在工作中,通过自己的努力,取得了一定的成绩或成功之后,所产生的自豪的感觉。"有学者认为:"成就感是独立的个体在工作或学习中,完成某项学习或活动之后,从内心所产生的一种情绪体验,这种体验是自我满足的、积极的。"还有学者认为:"成就感就是个体在工作中,能够充分展示自己的潜能,使自己在组织中能得到不断地成长与发展,个人的价值能够得以实现并且在组织中能够被认可等,在此基础上所获得的一种心理满足感。"

教师成就感是指在具体的教育教学过程中,教师体验到的一种积极的、愉悦的满足感与幸福感,这为教师的内心催生了工作的激情与动力,对教师教育教学的质量具有重要的影响。[1]

"教师成就感"指的是教师在完成其教育教学任务的过程中,发挥了自身的教育工作能力,充分展示了其在教育教学工作方面的潜能,实现了教育教学目的,达到了自己事前设定的标准,对实现自我价值与社会价值的感受与体验,以及由此而获得的一种内在满足。在当前的背景下,探讨教师职业成就感的课题,既有国家宏观政策的期待,也符合理论深化发展的趋势,更是对我国当代教师专业发展现状的关照与回应。教师的成就感将有助于激发良好的工作态度和职业责任感,挖掘他们内在的教育教学潜力,实现学校课程资源开发,促进学校课程建设进一步发展。

---

[1] 哈玛艳:《我有教师职业成就感吗?———位初任高中思想政治课教师的叙事研究》,西北师范大学硕士论文,2021年。

4.幸福理念

幸福理念渗透教育包括两个层面。

其一，教师要给予孩子一个幸福童年，还要给予孩子一个因享受幸福教育而带来的未来幸福人生。所谓幸福童年就是指学生在校园快乐生活，所谓幸福人生就是为学生走可持续发展的、和谐而完整的人生道路打下坚实的基础。亚里士多德曾说："幸福就是呵护性的限时活动。"

其二，让教师也拥有一种将"心灵、精神、物质"融会贯通的幸福教育生活。因为教师可以给予学生很大一部分幸福观、幸福品质和幸福能力，教师的教育幸福感必将通过各种途径和方式对孩子们产生深刻影响。教师的最高境界是把教育当作幸福的活动，因此要提倡教师充分展示个性，肯定自我。有什么样的幸福观，就有什么样的人生追求、价值取舍和行为准则。

幸福是人生追求的永恒主题，幸福也是一个言人人殊的老话题。教师的幸福即教师实现了自己的教书理想和育人目标所引起的愉快感受，以及对这种感受的肯定评价。只有幸福的教师，才能教出"幸福的学生"[1]。

六十九中的办学理念是"培养孩子获得幸福的能力"，培养的目标是"阳光健康、淳朴踏实、有志有趣、学有成所的幸福少年"。幸福理念为学校课程的建设指明了大的方向，是在德育大环境下，通过构建社会主义核心价值体系，形成"幸福完整的教育生活"，进一步弘扬传统文化，落实立德树人，提升学生核心素养。幸福理念，将赋予学校课程建设和课程评价体系更多的内涵和意义。

5.跨学科素养

教师的跨学科素养的理解，概括起来主要有以下三个方面：

首先，是知识整合能力。跨学科能力是指个体整合不同学科知识来应对复杂多变的事情的能力。跨学科素养强调跨学科知识的整合与迁移、多学科能力的融合与贯通。

---

[1] 解夏：《生命视野下教师幸福理念的阐释》，《教学与管理》2009年11月。

其次,是教育教学能力。教师跨学科能力需要教师能够围绕共同的主题,破除学科界限,把不同学科、不同领域的理论和方法有机融合,设计组织课程内容和教学活动;还要正确地理解跨学科课程,能够采用相应的教学方法及整合相关资源来开展跨学科教学的能力。

最后,是问题解决能力。教师需要能够以现实问题的研究与解决为依托,关注学科核心概念及学科间的大概念。教师的跨学科素养是指在跨学科教育中,通过跨越学科边界,整合多学科知识解决实际问题并有效教学。

跨学科素养,通过贯通学科之间的联系,重塑对世界的整体图式,构建更加完整的知识体系,生成更加生动的现实世界。对中小学教师而言,他们具有跨学科素养更加有利于帮助学生整体认知世界、探索世界,促进学生整体发展。[1]

跨学科教学以教师跨学科素养为支撑,个体要具备一定素养,才能确保跨学科教学的实践效果。由于长时间单一学科教学实践等因素影响,很多教师跨学科素养发展不足,主要表现为跨学科思维欠缺、其他学科知识储备不足、跨学科技巧方法缺少、跨学科水平能力较低等。跨学科素养内涵丰富,解决以上问题,教师可采取以下措施:跨学科阅读,增加其他学科知识储备;跨学科听课学习,更为全面地了解其他学科;参与跨学科活动,积累跨学科直接经验。教师跨学科素养的提升,可以更好促进课程资源的开发,进一步提升学校的课程建设。

6.教学成果

教学成果是指反映教育教学规律,具有独创性、新颖性、实用性,对提高教学水平和教育质量、实现培养目标产生明显效果的教育教学方案。理论性、实践性和效果是它的三个要素。教学成果需要收集素材,研究比较,制定方案,进行实验,分析实验结果,对实际做法、经验进行理论升华,做到理论与实践相结合。教学成果也是一种科研过程,前提是是否源于教学、服务于教学的一种带有科研性质的教学研究与实践活动。教学成果能否

① 刘俊琼:《小学全科教师跨学科素养培养策略研究》,黄冈师范学院硕士论文,2021年。

称其为"果","果"的水平高下,关键要看对提高教学水平和教育教学质量作用,在教学中的实际应用效果如何。因此,教学成果的评价对课程建设的推进有着重要的意义,能促使教师在教学中不断学习、收集素材、反思总结、形成成果,提高自己的教育教学质量,还能在学科组内推广自己的教学成果,更好地推动课程建设。

7.师德师风

所谓师德,就是教师具备的最基本的道德素养;师风,是教师这个行业的风尚风气。师德师风是教育工作者的灵魂。教育是传授知识,同时激励、唤醒、鼓舞学生进步成长。教师作为学校课程建设的引领者,优化自身形象,树立以德立教、率先垂范、严于律己、无私奉献的形象就显得尤为重要。俗话说:教育无小事,事事是教育;教育无小节,节节是楷模。习近平总书记在庆祝第三十个教师节暨全国教育系统先进集体和个人表彰大会上提出的"四有"好老师,也为中学教师师德师风建设指明了方向。中学教师要深刻体悟师德师风建设的重要意义与深厚内涵,立足于习近平总书记"四有"好老师的要求,努力做有道德情操、有仁爱之心、有理想信念、有扎实知识的教师,把外树形象与内强素质结合起来,以良好的师德师风感召和熏陶学生,融情于教,立德树人,不断提高自己课程教学的质量,更好地推进课程建设,还要引导学生全面发展,成为一名合格的社会主义接班人与建设者。①

8.专业成长

教师专业的成长是教师个体不断更新知识结构,增长专业能力的过程。教师专业成长包括专业知识结构、专业工作水平和专业情感态度三方面的发展。教师专业化成长是课程建设中的一个重要取向,课程建设是一个有组织、有目的、有计划的行动研究的过程,在课程的框架下我们需要把零散的研究打造成系统,进行统一、规范、系统的课程资源建设,需要教师

---

① 王蓓:《融情于教 立德树人——谈中学教师师德师风建设》,《陕西教育》(综合版)2021年Z2期。

在这一过程中不断反思,不断扬弃,在教学实践中不断研究、改进、完善自己的目标定位、设计理念及教学技艺。因此,课程评价体系一定要关注教师的专业成长,教育在发展,课程在进步,有了评价才能促使教师不断更新观念,树立正确的课程观,大胆探索,敢于开拓,勇于创新,充分发挥教师群体的创造性,加强课程建设的研究,这样才会让六十九中打造的"幸福课程"结出丰硕的果实。[1]

9.学科素养

教师发展核心素养是指教师在职前和工作中应该培养和发展的正确观念、必备品格和关键能力,主要包括社会素养、学科素养和教育素养三个维度。教师发展核心素养是新时代培养学生发展核心素养的基础和前提。[2]

首先,加强教师学科素养有利于教师养成不断发展的意识。当今世界日新月异,知识体系不断更新,教育理念不断变化,这对教师的创新能力提出了新的要求。教师在教学的过程中应对自身专业能力和创新能力进行不断更新,时刻保持自我发展意识。

其次,当前教育改革越来越强调学生的主体地位,传统的教学模式会损伤学生的学习兴趣,降低教学效率。只有把握住学科核心素养,利用学科核心素养解决实际生活中的问题,才能有效培养具有实践能力的人才,才能在教学中最大程度地发挥学生的主观能动性,突出学生的主体地位。

(三)学生层面

学生层面评价的基本素养分为学业水平和综合素质,特殊素养分为关系感、归属感、发展感、获得感、自我实现感五个方面,过程性体验分为幸福感和参与度两个指标。

---

[1] 黄风云:《中小学精品课程建设的途径与方法初探》,《新教育》2019年第5期。
[2] 张永炳:《中小学教师发展核心素养的内涵和实践路径》,《新教育》2021年第13期。

1.幸福感

主观幸福感（Subjective well-Being，简称SWB）主要指人们对他们的生活质量所做的情感性和认知性的整体评价。在这样的定义上，决定着人们幸福的因素并不是实际发生了什么，而是人们对于所发生的事情在认知情绪上做出怎样的解释，在认知的过程中如何进行加工处理。主观幸福感这一概念在日渐受到重视。所以说主观幸福感的概念是主观的、整体的，它也是一个相对来说非常稳定的值，可以用来评估很长一段时期的情感反应和生活满意程度。现实中人们总在不断地对发生着的各类生活事件和生活环境，还有他们自己进行着评价，当然，对事物的好坏做出不同的评价是人类的共性。不过也正是这些各样的评价导致了人们愉快或不愉快的情绪上的反应。所以我们又可以说幸福感是人类根据自己内心的评判标准对生活质量评价为满意的时候的愉快感觉。因此一个人幸福或者不幸福，完全取决于自己主观上怎样去评价自己的生活，最后取决于自己对生活的主观感觉。①

俄国著名教育学家乌申斯基曾经说过："教育的主要目的是使学生获得幸福。"学生的身心发展还处于尚不完善的阶段，在遇到困难时容易感到不快乐、不幸福。学习本身就具备一定的挑战性，在学习的过程中会遇到困难，学生在学习中会产生焦躁不安、害怕犯错误的心理状态，有一定的学习压力，此时如果缺乏学习幸福感的补充调节，就会出现厌恶学习的现象。学生的主观幸福感对学生保持学习的持续性具有重要意义。

苏霍姆林斯基的《怎样培养真正的人》一书中提道："为使孩子能成为有教养的人，第一，要有欢乐、幸福及对世界的乐观感受。第二，一个人只有在其童年和少年时期同大自然和人们打交道的那种条件下，使他的心灵不平静，忧虑，柔弱敏感，易受刺激，温柔，富于同情感，他才会成为有教养的人。第三，深深地信任他人，也能使人成为有教养的人。第四，美能使人

① 毛经蕊：《镇康县第一中学缅甸学生与中国学生主观幸福感比较研究》，云南师范大学硕士论文，2016年。

成为有教养的人。"让学生在学习的过程中感受到幸福感,才能够培养出有教养、有礼貌、心智正常发展的学生。

2.参与度

参与度是指学生积极地、主动地参与教学过程的程度,具体可以划分为学生整体的参与程度和学生个体的参与程度两大方面。其中学生的参与人数、参与方式、参与程度和参与效果等方面都是衡量课堂教学标准的指标。

学生课堂参与是指学生自己作为课堂的主人,投身于课堂当中,更好地完成教学目标的一种活动方式。学生课堂参与不仅是学生学习的一种重要方式,同时也是教师落实课堂教学目标、进行课堂教学的一种重要的途径。对于学生来说,学生可以在参与课堂的过程中学习新的知识,从而更好地将新知识消化吸收,同时还可以培养自己的创新精神和实践能力;对于教师来说,教师可以通过观察学生课堂参与的情况,进而调整自己的教学进程以及教学方法,从而使学生更好地达成本节课的教学目标。[1]

课堂教学是学校教育的主要途径,提高课堂学生参与度是提高课堂教学质量的保证。学生主动参与的实现,使他们从感性上去体会其自身的主体地位及意义,以达到主体感性认识。"参与"成为实现学生主体性操作上的有效落脚点,因而学生的参与度也是衡量课程效果的重要尺子,对于学校的课程评价有着很重要的参考意义。

3.关系感

关系,是指人与人之间、人与事物之间、事物与事物之间的相互联系。

幸福教育中的关系感,主要是师生、生生之间关系和谐,是好课程的重要考量。学校课程的理念、方案、体系再好,在学生学习层面不关注师生关系,也是形同虚设。好课程中的师生关系应该是建设一个师生学习共同体,在这个共同体中让学生感受到我是被老师、同学需要的。这就需要开

---

[1] 潘春妮:《基于CPUP模型的高中化学展示课学生课堂参与度的研究》,鞍山师范学院硕士论文,2020年。

展各种合作形式的活动，而课堂是师生合作与互动的主要场所，因此开展多样化的基础课程，提供课堂平台给师生，教师在课堂上尊重学生的个体差异，举止亲切，方式灵活，运用鼓励性的语言，创设贴合学生实际生活的情境，设计师生、生生互动的环节，学生准确及时捕捉教师传递的信息并进行互动和反馈，与同伴分工合作，分享彼此的见解，交流情感与体验，从而促进关系感的发展。"研史铸梦"课程在"研校史"课堂中，老师以鲜活的案例和图片视频资源讲述学校发展进程的故事，以学校的发展成就鼓舞学生，充分发挥校史育人的作用，师生互动良好；学生分组交流了解到的学校历史，尤其建校以来杰出校友的卓越成就使学生信心倍增，美好的青春畅想拉近了同伴间的关系，增进了友谊。

4.归属感

归属感是指个体对所属群体及其从属关系的划定、认同和维系的心理表现。

幸福教育中的归属感，主要是学生对学校文化与育人目标等方面的认同，参与学校发展，愿意承担相应的责任和义务。课程构建中关注学生归属感的问题，可以促进学校的长远发展，为学校发展提供新的理论与实践依据，完善和加强学校课程内容，提升教育内涵。学校的个性选修课程形式多样，以学生喜欢为开设原则，在养成教育中渗透，在专业指引下提升，潜移默化中发展幸福归属感。课堂上学生学习积极主动，能自我调控学习情绪，有主人翁意识；课堂外能自觉参与班级集体劳动，爱护校园内的公共财物，主动承担起校园内植物、动物的养护，将维护集体荣誉、学校荣誉视为自己的责任。"研史铸梦"课程在"品文化"课堂中，以学校校史文化，以及学生自身的校园生活为突破口，传承学校优良传统，增强学生对校园的归属感及自信心，激发学生完成对未来幸福生活的规划。

5.发展感

发展是一个哲学名词，是事物不断前进的过程，由小到大，由简到繁，由低级到高级，由旧物质到新物质的运动变化过程。

幸福教育中的发展感，主要是培养学生在学校学习中要能感受到自己的进步和成长。课程评价要关注学生今天的学业成绩,更要关注学生明天的发展,发现和发展学生多方面的潜能,了解学生发展中的需求,帮助学生认识自我,提高自信。幸福教育课程要达成的目标是培养学生获得幸福的素养,发展感是学生幸福感的主要来源,发展感的培养强调学生学会学习的技能和学习过程,注重为学生提供形成和运用所掌握各种智力技能的机会,提高学生认识和解决问题的能力。课程实施过程中要求老师灵活运用各种教学资源,激活课堂教学,遵循一根主线层层递进的逻辑关系设置问题,并逐步加深,营造深度学习的氛围,从而引导学生思考与质疑、探索与实践,培养学生具有问题意识,能发现问题,敢于提出问题,通过已有经验体系及团队协作推进问题的解决,发表具有深度的独到的见解,在深度思考的过程中获得发展。"研史铸梦"课程由校史文化延伸到河南文化再到中国文明,学生的思维在老师的引领下层层递进,了解了历史知识,开阔了视野,并从中汲取了奋斗的精神力量,增进了学生的民族自豪感和对祖国的热爱。

6.获得感

获得感强调一种实实在在的得到,不仅是物质层面的,也有精神层面的,获得感是得到后所产生的满足感。

幸福教育中课程内在品质对学生的吸引,很大程度来源于学生的获得感,来源于学科素养的提升,使学生不仅感受到课程有趣,而且感受到课程有用,对自身成长有帮助。拥有经得住回味的获得感是课程评价中一个非常重要的维度。学生在完成基础课程和个性课程后能够掌握的内容,通过提问、展示、作业、测验等检验环节,让学生实实在在看到自己的收获,从而产生获得感与幸福感。"研史铸梦"课程中,结合老师给的主题,学生搜寻资料,制作精美的PPT、小视频、手抄报,走上讲台,面对同学侃侃而谈,如数家珍,产生满满的获得感。

7.自我实现感

自我实现是指个体的各种才能和潜能在适宜的社会环境中得以充分发挥,实现个人理想和抱负的过程,是人的最高层次的需要。

幸福教育中的自我实现感,是学生有展示自我的机会,通过表演、演讲、运动等表达方法或活动形式,展示学习后的所感所得,满足自身的成就感。课程建设是学校发展的灵魂,开设什么样的课程,学生就接受什么样的教育。幸福教育课程体系力求让每一位学生的潜能得到最完美、最充分的发挥,自我实现感作为评价课程设置合理与否的重要指标必不可少。"研史铸梦"课程在实施过程中增进了师生和同伴间的关系,加深了学生对学校教育文化的认同和归属,通过问题提出—搜寻资料—合作交流—解决问题—展示成果,完成了思维的发展,收获了知识和技能,习得了获取幸福的能力,很好地诠释了学校幸福课程体系对学生"五感"幸福素养的培养。

8.学业水平

初中学业水平考试是在初中学业水平考试领导小组领导下,由教育局相关部门组织实施的判定初中学生是否达到国家规定的学业标准的过程性考试。学业水平评价目的既是为了全面、准确地考查学生达到学习目标的程度,也是为了全面、全程检验和改进学生的学习和教师的课程实施,从而有效地促进学生学科素养的提高。九年制义务教育新课程标准中明确指出:对学生的学业评价要注重评价与教学的协调统一,强调过程评价与结果评价并重。教师可根据学生学习过程中的表现对学生进行评价,调动学生的积极性,多发现学生的优点,发自内心地赞美学生,用真诚和赞美来改变学生的一生。因此,在关注学生学业成绩的同时,更要发现和发展学生多方面的潜能,用灵活多样的具有开放性的评价方法,及时发现学生发展中的需要,帮助学生认识自我、建立自信,激发其内在发展的动力,从而促进学生在原有水平上获得发展,提高自己的学业水平成绩,实现个人的价值,实现学校的育人目标。

9.综合素质

综合素质评价是在实施素质教育的基本要求下进行的全面发展性评价,旨在充分挖掘学生的优势潜能,关注学生的个性品质和全面发展,实现学生个性发展与全面发展的有机融合。全面实施综合素质评价的目的是通过促进评价方式改革,转变人才培养模式。2020年《深化新时代教育评价改革总体方案》要求"突出实施学生综合素质评价"。综合素质评价作为深化教育综合改革的内在动力和关键环节,对新时代我国素质教育的持续推进与育人方式的改革具有重要的导向作用。综合素质评价一般分为六个维度(不同地区不同学校可能稍有不同),分别是"道德品质""公民素养""学习能力""交流合作与实践创新""运动与健康"和"审美与表现能力"。六个维度又分别被分为若干个项目。等级分别为 A(优秀)、B(良好)、C(一般)、D(较差),或者给予评分。经过综合素质评价,能全面反应初中生身、心、能力的发展情况,更好地引导教学,推进课程建设。[①]

三、课程评价特色

课程评价是一门科学,也是一门艺术,在以往应试教育模式的影响下,学校课程评价形式单一、片面武断,影响了课程设计与实施过程,也严重压抑了学生与教师个性的发展,不能满足时代发展对人才培养的需要。多元智能理论认为人具有多种智能,每个人的各种智能发展是不尽相同的,课程的实施者是教师,课程是为培养学生服务的,所以课程评价方式也应该实现多元化,综合各方面进行评价。在素质教育观念日益深入人心的今天,我们必须要确立新的评价理念。因而,要改变以往单纯由教师对学生的学业成绩进行分等排队的做法,要从评价主体、评价内容、评价方法和评价时机等方面进行一系列的转变,这样才能更好地体现评价的功能,更好地促进个性的发展。

(一)评价主体全面化

在以往的课程评价中,评价的主体往往是教师。学生既没有对评价方案提出意见和建议的资格,也没有对评价结果提出申诉或辩解的权利,他们唯一可做的就是无条件地接受和服从。而教师只管做出这样或那样的

---

① 中共中央国务院:《深化新时代教育评价改革总体方案》,http://www.gov.cn/zhengce/2020−10/13/content_5551032.htm.

评定,很少顾及学生的感受,也很少考虑评价可能给学生带来的负面影响和心理压力。这样的评价不仅不会促进学生的发展,反会使他们陷入完全被动的状态,这显然是与素质教育的宗旨相违背的。而事实上,只要教师适当地加以指导和引导,学生是有评价自我与评价他人的能力的,而且学生自我评价及学生间的互相评价远比教师评价更能促进学生的发展。因此确立多元化的课程评价体系,建立多主体的评价机制,使课程评价不仅有学生、老师、教育行政领导的参与,还有公众和社会各界的来自不同阶层、不同团体的人员的参与。不同的利益与需求,使评价者从不同的角度进行评价,有利于课程自身的发展,也有利于评价的进步。

学校的幸福课程评价体系是有多项指标的评价,同时主体多元化,比如对于学校的内部满意度、外部满意度的评价,将学校的服务对象—学生、教师、家长、专家、社会大众作为评价主体来评价,切实践行"学校好不好,百姓说了算"的评价理念,提高教育质量,促进学校、教师、学生共同发展。

对于教师师德师风的评价,在突出教师主体地位的同时,建立以教师自评为准,学校领导、同事、家长、学生共同参与,多项沟通的师德师风评价机制,充分发挥评价的导向性和激励性等,帮助全体教师不断提升职业道德和专业水平,提高学校的教育教学质量。

对于学生综合素质和学业水平的评价,学校建立了一个由教师、学生(包括他们自己和其他同学)、家长多方参与的评价体系来评价。每位学生都有一本学生成长手册,每学期开始,学生在教师的指导下,自定本学期的学习目标和计划,学期末自己检查目标的达成度,反思学习中存在的问题,采取措施调整与改进,做好自我评价。教师根据本学期学生的表现给予教师评语,学生家长针对孩子的表现进行恰如其分的评价。多元化的评价主体充分调动学生的积极性和主动性,促进学生的全面发展。

教师在学校课程评价中仍将发挥重要作用,但不再充当裁判员的角色,而是充当学生评价的伙伴和激励者。这样,在多元化主体的参与下,把学生自评、互评与教师评价、家长评价、社会大众及专家评价相结合,使课程评价真正助力于课程建设与实施,同时也是促进学校、教师及学生自我反思、自我调节、自我完善的发展过程。

(二)评价方式多样化

过去,学校对课程的评价基本上是单一的、片面的、静态的,这种评价不能客观、真实、全面地反映学生的全貌和课程实施的真实效果,所以这种评价也不能充分调动老师、学生的积极性,甚至会扼杀教师和学生的创造性,抑制个性的发展。多样化的评价方式才能增进教学生机,促进学生发展。每种评价方式各具特点,应结合评价内容及学生学习的特点,选择适当的方式,以考察学生的学习情况,反映学生的进步历程。

学校可以将自评、班评、家评和师评相结合,学生、家长、老师共同参与;学生周记、作业作品、谈话访谈、教师观察、量表测验、评优评先、测试考试、集体评议、家访、学生手册等评价方式能够促进学生的发展;通过语言、文字甚至神态等方式,实现评价方式的多样化。例如,对于学生学业水平的评价,学校注重过程评价与结果评价并重,运用班级量化考核来评价,既有平时学习过程的评价数据,又有平时作业、单元测验、期中、期末考试等结果性评价数据,并借助互联网+时代背景下大数据的分析技术,对学生个体学习数据分析,观察学生学业水平指数的变化情况,快速分析出单个学生学习状况的变化,为学生提供针对性的诊断报告,推送个性化的学习资源和解决方案,并为老师适时调整教学进度,开展有针对性的教学带来方便。对于学生综合素质发展状况的评价,学校采用自评、他评与师评相结合来评价,关注学生的日常表现并及时记录,以虚拟空间+纸质记录方式记录学生作品、发展历程等。对于学校办学的满意度,以及社会、上级、专家、家长对学校办学的认可情况的评价,学校设置问卷星、调查问卷、借助自媒体、开展访谈等形式评价。对于学校五育并举的教学成果评价主要是通过历年学校中招考试成绩来评价学生学业水平发展;通过《一日常规评价表》《文明班级考核表》的方式进行德育评价;通过美术展、艺术节等丰富多彩的展示活动评价学生的艺术素养;通过举办运动会、广播操比赛等赛事活动对学生体质健康、体育技能进行评价;在学科教学中渗透劳动教育,开发具有特色的劳动教育校本课程,在真实的生活情境中评价学生劳动技能和"五感"幸福素养的习得水平。课程的实施者是教师,课程的实施及服务对象是学生,师生个体间是存在着差异的,通过多样的评价方式,才能让每个教师和学生清楚地认识到自己在群体中的优势和劣势,这有助于激发竞争意识,增进交流与协作。另外,评价方式的多样化有助于平等民主的教学的形成,也关系到学生个性的发展,有助于正确的人生观和世界观的形成。灵活多样的课程评价方法,不仅能有力地控制教师的教学,为教学指明正确的方向,更重要的是能激励、促进学生的全面发展。

(三)评价过程全程化

现在学校的教育工作不能仅仅追求结果,更应当关注学生发展的过程,应当追求过程与结果的统一。有了好的过程,才可能会有好的结果。在课程实施过程中,学校要善于拓宽评价的内容,既要关注学生学习的结果,更要关注他们在学习过程中的变化和发展;既要关注学生学习的水平,更要关注他们在学习活动中表现出来的情感、态度、价值观,同时也要关注课程设计的合理性、教师教学的表现等。

例如,学校的办学理念是培养孩子获得幸福的能力,在课程评价的过程中,学校重视学生情感的体验和感受,特别是在五感的获得方面,即关系感、归属感、发展感、获得感和自我实现感。对于五育并举方面的评价,坚持"五育"并举是指突出德育实效、提升智育水平、强化体育锻炼、强化美育熏陶、加强劳动教育。学校积极开展各种社团,激发学生兴趣,在评价的过程中,学校不仅仅关注学生最后成绩的取得,也会重视过程性评价,比如学生参加社团的出勤率,在每一次社团活动当中的成绩或者作品,都会成为学生评价的重要参考。

(四)评价结果激励化

在学校课程评价中,除了要做到评价主体全面化、评价方式多样化、评价过程全程化,还要做到评价结果激励化。人在认知和实践的过程中始终伴随着情感活动,苏霍姆林斯基说:"情感(指积极的情感)是开发智力和获得知识的土壤和动力。"足见情感激励的重要性。用好榜样典型激励,不失时机地开展情感激励,借助赏识激励和荣誉激励,将助推课程的顺利实施。例如,于学校而言,无论是学校发展过程中所获的各级各类荣誉,还是最能体现学校"硬实力"的教学质量(以中招升学率为重要外显形式),评价结果都趋向于荣誉感的正向激励;对于教师个人来说,解读新的理念、落实新的教法、实现教学目标从而自我实现后的成就感、幸福感,激励教师专注自我持续成长,而专业成长及发展道路中不断突破一个个大大小小瓶颈而实现的发展感,又激励教师不断更新教育理念,学习范式等新兴理念源源不断地涌入老师们的理念库,推动教师不断学习、吸收、转化、输出,评价的引入起到了激励的效果,使得先行带动后进,促进学校教师师德高、师风正,教育教学水平的逐步攀升;学生上课过程中通过动手动脑、小组合作积极参与教学活动而体验到的同伴关系感、自我发展和目标实现的成就感,激励学生融入课堂,投身到集知识能力与情感态度于一身的大合唱中而自得其乐,通过参加学业水平测试反映出基础知识、基本技能掌握程度,激励学生总结和学习先进的学习方法,还有在综合实践类项目中体现的道德品质、公民素养、学习能力、交流与合作能力等综合素质,不仅是对学生个人的自我勉励,也是对其他学生的正向引领。

总之,学校课程的评价可以促进教育目标的实现,可以准确地反映教育的实际状态,推动教育改革的进行,有利于教学和教育质量的提高,有利于促进教育管理的科学化。为促进学生的自主发展,使每位学生都能从教育评价中得到激励,学校每位教师都树立全新的教育评价理念,充分调动一切能动因素,全面转变学校课程评价方式,最大可能地发挥评价的导向和激励功能。[1]

---

[1] 秦惠明:《全面转变学生评价方式》,《江苏教育》2016年第39期。

第二节　特色校本课程的评价

六十九中在构建幸福课程体系的过程中，开发设计了一系列特色校本课程，如理想信念组的"研史铸梦"、人文组的"文化品牌"、科创组的"科学玩转生活"、审美与健康组的"幸福艺动"等。本节内容主要围绕着这几个跨学科的特色校本课程评价来进行介绍。

一、特色校本课程评价之结合学生实际

教师在构建课程评价指标时，还要以学生的实际情况为依据，实际应用课程评价，并在应用评价体系的同时，通过对课程评价来完善评价系统。首先，特色课程需要在以自身的课程实际为依据，对评价内容进行合理确定后，全面融合国家、地方和学校的三级课程。其次，特色校本课程的评价需要以实际的教育教学活动为前提，开展头脑风暴式思考，在对校本课程内容进行列举后，听从专家建议，清楚教师自身的专业知识，要以学生实际的状况为依据。之后教师需要依此对校本课程评价内容进行筛选，并在围绕学校整体课程评价体系中关于学生评价的部分，利用所筛选出来的评价内容展开公平评价。如此就能够在特色课程评价内容体系的构建中实现高效的校本课程教学。

二、特色校本课程评价之巧用作业评语

大多数老师都会通过与学生的互动、交流，或者通过课堂小练习向学生反馈校本课程的学习效果，却忽视了对学生作业进行评价也有这个作用。

首先，老师的评语可以让学生了解到自己校本课的学习态度。有些学生课堂的作业不是不正确，而是作业根本就不是老师要求的内容，或者偷工减料。老师在学生的作业中发现这样的情况，知道是学生没注意听讲，就要科学运用评语，让评语把学生学习校本课的态度反馈给学生。比如，

"你上课好像没认真听哦,作业不是这几项",或者"你看看,你少写了题,是不?"一般情况下学生看到这样的评语,肯定能意识到自己课堂上的学习态度不端正,需要改正。

其次,任课教师的评语让学生发现自己校本课的学习效果。老师如果发现学生的校本课作业出现了一个知识内容的不同答案,就一定知道是学生上课时没有认真听讲,对知识理解不透,运用缺少灵活性。那老师就给予如下评价:"你对这个知识点是不是理解得不透,抽空到办公室找老师,老师再给你讲讲。记得哦!"学生看到这样的评语,不但能认识到自己的不足,而且还会找老师解决问题。这样不但能帮助学生更好地学习,还能促进师生情感。

最后,督促学生独立完成作业。如果老师发现抄作业的现象时,不要愤怒,更不要慌,可以在作业评语中提醒学生,让其发现自己抄作业对自己的学习是不利的。比如,"×××,你和×××心有灵犀,思考问题都是同一频道。你看作业,一样的错,一样的对。下次再有雷同,视为抄袭哦!"这种软软的评语,却有很坚定的态度,一定能引起学生注意,下次不敢再抄作业。如此,不但能培养学生简单的独立思考能力和自主学习的能力,还能改正一些不好的习惯,提高学生的学习效率。[1]

三、特色校本课程评价之形成性评价

形成性的评价是在教学进程中对学生的知识掌握和能力的发展进行的比较经常而及时的测评与反馈。比如在一节课或一个课题教学中,对学生的口头提问、课堂作业以及书面测验等。

六十九中的特色校本课程是在幸福教育的理念下开展的,所以,我们会非常重视学生态度的评价,对学生的整个学习过程有一种奖励性的评价。

学习态度是情感的一类表现,一般指有一定强度、适当稳定性的积极

---

① 梁慧珍:《幼儿园健康教育课程评价体系的构建思路探讨》,《新课程》2022年第14期。

或消极的感觉和取向,是对事物的一种情感反应,它主要包含学生对于学习的自信、动机、焦虑等方面的认识。学习态度作为学生学习的非智力因素之一,是影响学生学习效果更为直接和重要的一个核心因素,而且其在某种程度上将直接影响学生学习的其他情感因素、学习行为和策略等。在特色课程的评价中,为了能激发学生对于学习的兴趣,我们在形成性的评价中注重学习态度的评价。

比如在"研史铸梦"课程中,六十九中把握激励性原则。激励是激发学生学习兴趣的催化剂,根据新课程"为了一切学生的发展"的理念,由原来注重整体评价的做法转向兼顾学生个体发展的评价,增强课堂教学的针对性。学生的差异,采用不同的激励方式,为学生个体发展铺设良好的条件。比如在问题的设置上,由于问题本身的难易程度不同,学生的思维方式不同,学生的答案也会参差不齐,有的甚至风马牛不相及。这种情况下教师点评一定要谨慎,应坚持鼓励的原则,适当满足学生的"虚荣心",多鼓励他们,会提高他们思考和回答问题的兴趣,有利于学生的发展。

在"研史铸梦"课程模块评价中,学生成果是通过实践操作、作品鉴定、竞赛、评比、汇报演出等形式展示(见表5-2)。比如校史课程档案,学生能够完成课程中的各类文字资料,分享自己的感悟与收获,采取的是三人小组互评取平均分,在评价中占比30%。还设置的有校史小试卷,根据试卷答题情况分为四个等级给与相应分数计入总评,这一评价主体主要是教师。最终,通过教师评价、小组评价、个人评价的形式产生最后的总评,对总评合格的学生颁发课程学习合格证,优秀的学生颁发课程学习优秀证书,并将其成果记入学生学籍档案内。

表5-2　"研史铸梦"七年级的研校史模块评价表

评价对象	评价标准	评价主体	占比
课堂参与和讨论	能够积极参与课堂讨论,清楚地表达自己的想法,尊重同学与自己的差异性	师评	10%
		自评	5%
		小组互评(取平均分)	5%

评价对象	评价标准	评价主体	占比
校史课程档案	能够完成课程中的各类文字资料,分享自己的感悟与收获	三人小组互评（取平均分）	30%
校史小试卷	根据试卷答题情况分为四个等级给与相应分数计入总评	师评	50%

在"文化品牌"课程中,我们评价学生是否有主人翁意识,是否学习积极主动,是否能自我控调学习情绪,是否敢于展示自我。在特殊素养方面,是否有学习成果输出能力。投入到问题讨论环节,在成果的分享及思考中,主动审视自己学习的利弊得失,逐步完善自己的行为,拓宽自己的视野,达到自我反思、自我改进的目的。在基本素养方面,观察学生在学习过程中的表现,如态度、积极性、参与状况是否较好。对于学生课程的学习态度的评价贯穿其中。

在"科学玩转生活"课程中,我们重视个人或者小组科学探究过程中的态度、方法。在过程性评价中,评价学生能够认真收集上课所需材料,能够积极参与课堂讨论,清楚地表达自己的想法。

在"幸福艺动"课程中评价中,是从"学习态度、学习过程、小组成果展示"三个方面进行综合评价。其中学习态度评价占10分,学习态度包含出勤率、学习工具准备,各占5分。

四、特色校本课程评价之终结性评价

终结性评价指的是在教学活动结束后为判断其效果而进行的评价。一个单元,一个模块,或一个学期的教学结束后对最终结果所进行的评价,都可以说是终结性评价。我校是在幸福教育理念下开展的特色校本课程,我们非常重视终结性评价中的成果展示,也非常注重评价主体多元化,即教师评价、学生自评、同伴互评相结合,教师与学生共同参与课程评价。

在"研史铸梦"课程评价中,根据学生在课堂活动中的表现,给予记录打分,记录力求及时公正;根据评价指标的内容,为同伴与小组"点亮小星星",进行打分评价;学生成果可通过实践操作、作品鉴定、竞赛、评比、汇报演出等形式展示。最终,通过教师评价、小组评价、个人评价的形式产生最后的总评,对总评合格的学生颁发课程学习合格证,优秀的学生颁发课程学习优秀证书,并将其成果记入学生学籍档案内(见表5-3)。

表5-3　"点亮小星星"课程评价表

评价项目	评价细则	自评	互评	师评
过程性评价	能够认真收集上课所需材料,能够积极参与课堂讨论,清楚地表达自己的想法。(参与活动)	☆ ☆ ☆ ☆ ☆	☆ ☆ ☆ ☆ ☆	☆ ☆ ☆ ☆ ☆
素养评价	能够上台分享自己的感悟与收获,或参与小组展示活动。(展示活动)	☆ ☆ ☆ ☆ ☆	☆ ☆ ☆ ☆ ☆	☆ ☆ ☆ ☆ ☆
奖励性评价	课程开始期间获得的有关德育方面的荣誉	☆ ☆ ☆ ☆ ☆	☆ ☆ ☆ ☆ ☆	☆ ☆ ☆ ☆ ☆

在"科学玩转生活"课程评价中,在课程评价表中设置有素养评价,能够上台分享自己的作品与收获,或参与小组展示活动,评价方式有自评、互评、师评,在对应的位置点亮小星星(见表5-4)。

表5-4　"科学玩转生活"课程评价表

评价项目	评价细则	自评	互评	师评
过程性评价	能够认真收集上课所需材料,能够积极参与课堂讨论,清楚地表达自己的想法(参与活动)	☆ ☆ ☆ ☆ ☆	☆ ☆ ☆ ☆ ☆	☆ ☆ ☆ ☆ ☆
素养评价	能够上台分享自己的作品与收获,或参与小组展示活动(展示活动)	☆ ☆ ☆ ☆ ☆	☆ ☆ ☆ ☆ ☆	☆ ☆ ☆ ☆ ☆
奖励性评价	课程开始期间获得的有关科技创作方面的荣誉	☆ ☆ ☆ ☆ ☆	☆ ☆ ☆ ☆ ☆	☆ ☆ ☆ ☆ ☆

形成性评价和终结性评价都是必要的,形成性评价关注学习过程,有利于及时揭示问题、及时反馈、及时改进教学活动,终结性评价关注学习结果,有利于对教学活动做出总结性结论。六十九中的特色课程评价,把形成性评价和终结性评价有机结合,让学生在科学的评价中健康快乐地成长,让教师在准确的评价中得到发展和进步。

总之,特色校本课程的评价,不仅是为了更好地推进教育评价,也是为了规范化、科学化和合理化地促进对学生发展的评价。为此,学校教师需要在了解到学生校本课程评价现状后,以学生发展情况和需求为前提,对校本课程的评价体系进行科学、系统的建构。

第三节 学生发展质量评价

在学校构建的课程评价体系中,学生的评价尤为重要,处于核心的地位,学校在对学生发展质量进行评价的过程中,从基本素养(B)、特殊素养(I)、过程素养(P)三个方面进行考虑,基本素养包括了学业水平和综合素质,特殊素养是学校提倡的五感即关系感、归属感、发展感、获得感和自我实现感,过程素养包括幸福感和参与度。

根据新课程改革的要求,课堂不再是教师一个人的舞台,教师要充分调动学生的主观能动性,让学生积极参与到教学活动中来,引导学生主动探索知识。在教学中,学生占据主体地位,因此,学生上课的感受也是教学评价的主体。

在评价体系上,主要采用"综合指导型"评价体系,除学科素养外,还重视学生的综合能力,如与他人合作的能力,表达自我想法、展示成果的能力,跨学科融合并运用知识的能力等等。同时,学校贯彻"国家义务教育质量评价指标"的要求,当前学校培养学生,除需要全方位关注学生。学校要培养的,不仅是拥有知识与技能的人才,还是国家未来的公民,应具备公民的基本综合素养。因此"幸福课程"的学生发展质量评价,除了关注学生的学业发展外,还关注学生品德发展、身心发展、审美素养。在四大课程体系中贯穿对学生的多维度素养的培养。

例如在"研史铸梦"特色课程中,通过了解校史、地方史,学习英雄人物的事迹,学生能够提高集体荣誉感,进一步形成家国情怀,形成对国家、集体、社会的责任感。在"文化品牌""幸福艺动"特色课程中,通过接触经典文学、绘画艺术,并进行创作,学生提高对艺术作品的欣赏能力,能够在学习和生活中发现美、感受美,贯彻了《义务教育质量评价指标》中对学生审美素养的提高。在"科学玩转生活"特色课程中,学生深入了解到哪些食物、材料是有利于健康的,能够形成健康的生活方式,锻炼良好的体魄。

在课程评价上,学校首先应明确指导方向,教育应该培养什么样的人?怎样培养人? 要解决以上困惑,必须认识到教育在"为谁培养人",学校应当培养的是国家未来的公民,因此在幸福课程中,十分重视对学生综合素养的培养。在课程评价体系中,以学生评价为主导,通过问卷等方式,考查学生在过程体验、特殊素养、过程素养这些基本素养的发展。课程评价的最终目的是关注学生的感受,提高学生的幸福感。这样才能培养出能够有效融入社会并且终身持续不断发展的高素质人才。

为尽量真实、准确地反映学生的学习效果,体现学生在教学评价中的主体地位。学校围绕着以上指标,制作《青少年主观幸福感》问卷和《学生参与度评价量表》。《青少年主观幸福感量表》,由《青少年学生生活满意度量表》和《快乐感量表》两部分组成,可有效反映学生的生活满意度和情感维度。《学生参与度评价量表》可有效反映在课堂的各个环节中,学生参与的人数、态度、参与的广度、深度和效度。

一、青少年主观幸福感问卷

在学生的幸福感评价方面,在主观幸福感方面,本研究采用的测量工具为《青少年主观幸福感量表》,该量表包括《青少年学生生活满意度量表》和《快乐感量表》两部分,分别有36、14个条目,均采用7级计分法,选项从1分到7分(见表5-5)。[1]《青少年学生生活满意度量表》(CMSLSS)是张兴贵等参照 Huebner1994 年编制的 MSLSS 量表自编而成,包含学校、学业、友谊、家庭、环境和自由满意度六个维度。量表以平均分进行评价,得分越高表明生活满意度越高。经研究使用,该量表具有较高的信度和效度。《快乐

---

① 张兴贵、何立国、郑雪:《青少年学生生活满意度的结构和量表编制》,《心理科学》2004年第5期。

感量表》由Diener编制,包括积极情感和消极情感两个维度,均以平均分进行评价。研究表明,该量表也具有较高信度和效度。

表5-5 青少年主观幸福感量表

序号	题目	完全不符合	不符合	有点	说不定	有点符合	符合	完全符合
1	我的朋友都很尊重我	1	2	3	4	5	6	7
2	我喜欢和我的父母在一起	1	2	3	4	5	6	7
3	我在学校里感到不舒服	1	2	3	4	5	6	7
4	我希望自己住在别的地方,而不是现在的地方	1	2	3	4	5	6	7
5	基本上没有人强迫我做自己不喜欢做的事情	1	2	3	4	5	6	7
6	我在学业上取得了理想的成就	1	2	3	4	5	6	7
7	我有很多朋友	1	2	3	4	5	6	7
8	我的家庭是一个幸福的家庭	1	2	3	4	5	6	7
9	学校的很多事情我都不喜欢	1	2	3	4	5	6	7
10	我生活的环境周围有许多不如意的事情	1	2	3	4	5	6	7
11	基本上我都能按照自己的愿望行事	1	2	3	4	5	6	7
12	我对我的学业状况满意	1	2	3	4	5	6	7
13	如果我需要,我的朋友们都会帮助我	1	2	3	4	5	6	7
14	大多数时候我喜欢家长的教育方式	1	2	3	4	5	6	7
15	我喜欢去学校	1	2	3	4	5	6	7
16	我生活的地方社会治安好	1	2	3	4	5	6	7
17	基本上我有自主选择的自由	1	2	3	4	5	6	7
18	与多数同学相比,我在学校的发展较全面	1	2	3	4	5	6	7
19	我的朋友们对我很好	1	2	3	4	5	6	7
20	我和家人在一起相处很和睦	1	2	3	4	5	6	7
21	我喜欢学校生活	1	2	3	4	5	6	7
22	我生活的地方社会风气好	1	2	3	4	5	6	7
23	我在课余时间能做自己喜欢做的事情	1	2	3	4	5	6	7
24	与我的同学相比,我在学校中得到的荣誉较多	1	2	3	4	5	6	7
25	我在自己的同伴中很有威信	1	2	3	4	5	6	7
26	我的父母能平等地对待我	1	2	3	4	5	6	7
27	我喜欢学校的活动	1	2	3	4	5	6	7
28	我们生存的世界是和平安宁的	1	2	3	4	5	6	7

续表

序号	题目	完全不符合	不符合	有点	说不定	有点符合	符合	完全符合
29	基本上没有人干涉我的生活	1	2	3	4	5	6	7
30	我觉得自己在同伴中很有面子	1	2	3	4	5	6	7
31	我喜欢结交与现在不同的朋友	1	2	3	4	5	6	7
32	我的家庭成员之间相互讲话很友善	1	2	3	4	5	6	7
33	我在学校的生活很有趣	1	2	3	4	5	6	7
34	我与我的朋友在一起有很多趣事	1	2	3	4	5	6	7
35	我在学业上很有成就感	1	2	3	4	5	6	7
36	我和我的父母在一起能愉快地交谈	1	2	3	4	5	6	7

下面列举了一些情绪术语(见表5-6),请评价你在过去的一个星期中所感受到的这些情绪的时间,在最符合你的情况的数字上打"√"。

表5-6　情绪术语表

序号	题目	根本没有	1/6时间	1/3时间	1/2时间	2/3时间	5/6时间	所有时间
1	愉快	1	2	3	4	5	6	7
2	不愉快	1	2	3	4	5	6	7
3	幸福	1	2	3	4	5	6	7
4	振奋	1	2	3	4	5	6	7
5	难过	1	2	3	4	5	6	7
6	生气	1	2	3	4	5	6	7
7	自豪	1	2	3	4	5	6	7
8	感激	1	2	3	4	5	6	7
9	爱	1	2	3	4	5	6	7
10	负罪感	1	2	3	4	5	6	7
11	羞愧	1	2	3	4	5	6	7
12	担心	1	2	3	4	5	6	7
13	压力	1	2	3	4	5	6	7
14	嫉妒	1	2	3	4	5	6	7

二、学生参与度评价量表

在学生的参与度评价方面,我们选取了《学生参与度评价量表》来进行测量和考核(见表5-7),该量表主要是考查学生课堂的参与度,在各个学习环节中,学生所采取的活动方式,比如:自主学习、讨论交流、展示汇报、实验、演示、讲解等,在各个环节中,学生参与的人数、态度、参与的广度、深度和效度。

表5-7 学生参与度评价量表

学生学习内容	活动方式						学生参与度					
	自主学习	讨论交流	展示汇报	实验	演示	讲解	完成时间	参与活动人数	学生参与态度	学生参与广度	学生参与深度	学生参与效度
环节1									A____ B____ C____	A____ B____ C____	A____ B____ C____	A____ B____ C____
环节2									A____ B____ C____	A____ B____ C____	A____ B____ C____	A____ B____ C____
环节3									A____ B____ C____	A____ B____ C____	A____ B____ C____	A____ B____ C____
环节4									A____ B____ C____	A____ B____ C____	A____ B____ C____	A____ B____ C____
环节5									A____ B____ C____	A____ B____ C____	A____ B____ C____	A____ B____ C____

科目: 课题: 讲课人: 评课人: 时间:

备注:

学生参与态度:

A:兴趣浓厚,认真倾听,积极主动参与活动。B:兴趣一般,认真倾听,被动参与活动。C:不感兴趣,不认真听,被动或不参加活动(走神、漠然)

学生参与广度:

A:学生有效参与教学活动,小组合作时,参与覆盖面达80%以上。B:

学生有效参与教学活动，小组合作时，参与覆盖面达60%~80%。C：学生有效参与教学活动，小组合作时，参与覆盖面小于60%。

学生参与深度：

A：对于教师具有启发性、发展性的提问，学生能积极主动探索，灵活解决问题，学生的各种能力得到发展。B：对于教师具有启发性、发展性的提问，学生能被动参与探索，能够在老师和同学的帮助下解决问题。C：对于教师具有启发性、发展性的提问，学生不能积极主动探索，不能解决问题。

学生参与学习的效度：

A：合作学习适时、有效，目标达成度80%，掌握了一定的学习方法。B：合作学习适时，目标达成度60%-80%，掌握了一定的学习方法。C：合作学习适时，目标达成度60%以下。

三、"五感"评价问卷

针对学生的关系感、归属感、发展感、获得感和自我实现感，我们采用了自编的《"五感"评价问卷》（见表5-8）。问卷编制的过程中，该表是我们依据学校关于关系感、归属感、发展感、获得感和自我实现感的定义，参考大量已有研究，编制而成。五感问卷分为五个维度，共22道题目，采用1~5进行计分，包含反向计分题目5道。

表5-8　"五感"评价问卷

维度	题目	完全不符合	有点不符合	不确定	有点符合	完全符合
关系感	1.我与同学相处不是很融洽	1	2	3	4	5
	2.如果我需要，同学们会来帮助我	1	2	3	4	5
	3.我觉得老师待我不错	1	2	3	4	5
	4.我和班级里的老师相处融洽	1	2	3	4	5
归属感	5.我的学校生活在大多数方面都接近于我的理想	1	2	3	4	5
	6.我在学校里感到不舒服	1	2	3	4	5
	7.我对学校的生活和学习环境感到很满意	1	2	3	4	5
	8.我在初中学校里感到很安全	1	2	3	4	5
	9.我能感到自己被班集体所需要	1	2	3	4	5

维度	题目	完全 不符合	有点 不符合	不确定	有点 符合	完全 符合
发展感	10.我觉得自己过得很充实	1	2	3	4	5
	11.我认为自己的学习成绩还有较大的提升空间	1	2	3	4	5
	12.我对自己的未来充满希望	1	2	3	4	5
	13.在课堂中我能够感到自己通过学习在进步	1	2	3	4	5
获得感	14.我觉得自己没有学习很多有用的知识	1	2	3	4	5
	15.初中的学习给我带来很多快乐	1	2	3	4	5
	16.我在集体活动中的付出能够得到老师同学们的肯定	1	2	3	4	5
	17.在学校的学习中,我能掌握很多知识	1	2	3	4	5
自我实现感	18.我在学习上很少有成就感	1	2	3	4	5
	19.我觉得自己的才能没有得到发挥	1	2	3	4	5
	20.我的兴趣爱好特长在现在的学校有展示的机会	1	2	3	4	5
	21.我在学校课堂教学中能充分展示自我	1	2	3	4	5
22.你觉得学校生活开心不开心,幸福不幸福? 哪些细节让你觉得开心幸福? 哪些事情让你觉得不开心?(请用语言文字描述)						

四、学业水平和综合素质

学校认真研究综合素质评定实施办法,学校领导班子与教师交流研讨,制定切实可行的操作方法。具体的综合素质评定指标包括"道德品质""公民素养""学习能力""交流和合作""运动与健康""审美与表现"六个维度指标。结合学校学生实际特点和学校的办学理念,对每一个要素和关键表现进行了定性和定量的细化,以关注学生各方面基础又比较显现的要求作为指标,可操作性强。

六个维度指标的评价标准

一是,道德品质:尊敬师长、团结同学(孝敬父母,与同学友好相处,乐于帮助同学),勤奋进取(有进取心,学习目标明确,学习积极努力),正直守信(不作弊,真诚待人,守信用),关心集体(珍视集体荣誉,维护集体利益),遵纪守法(遵守法律法规,遵守学校纪律)。

二是,公民素养:社会责任感(热爱祖国,认真参加升旗仪式,有为他人和社会服务的行为,积极参加社区服务活动)、自尊(追求进步,有错就改,自信自爱)、自律(遵守社会公德,自觉完成各项任务,抵制不良诱惑)、热爱劳动(积极参加力所能及的劳动,积极参加值日活动,积极参加环保活动,维护环境卫生)。

结合学生在相关条例方面的平时表现,采取自评、小组互评的形式评定出相应等级(等级分为A、B等)。

三是,学习能力:学习态度与兴趣、学习方法、计划与反思调控、学业成绩。

四是,交流合作与实践创新能力:独立探究问题、沟通与分享、实践能力。

任课老师根据学生平时学习过程中的表现给予评价,给出等级(等级分为A、B、C、D等)。

五是,运动与健康:身体素质、运动技能、体育知识、体育课学习态度、课间操和课外活动、运动会体育比赛、心理健康。

六是,审美与表现:用多种形式进行艺术创作,表现其审美情趣;音乐、美术课表现;在校级或校级以上级别艺术活动中获得成绩与奖励。

班主任老师根据学生平时学习过程中的表现给予评价,给出等级(等级分为A、B、C、D等)(见表5-9)。

分项评定结果与学生成长手册结合使用。编写的学生成长手册内容丰富,得到了广大师生的肯定和喜欢。成长手册包括有:温馨提示语、学校概况、学生个人信息、计划与反思、学业成绩汇总、班主任寄语、科技创新和研究性学习记载、社会实践活动记载、各种获奖记录、出勤记录、自评报告、综合素质评定等级等。成长手册的使用促使学校文化建设迈上了一个新台阶,为学生的发展提供了具体实用的行动指南。

表5-9　八年级上期学业成绩汇总表

科目	平时成绩		期中成绩		期末成绩		学期总评	期评40%
	分数	20%	分数	30%	分数	50%		
语文								
数学								

续表

外语							
物理							
生物							
道德与法治							
历史							
地理							
体育与健康							
音乐							
美术							
计算机							
心理健康							
校本课程							
综合素质 等级评定	道德 品质	公民 素养	学习 能力	交流合作与实践 创新能力	运动与 健康	审美与 表现	学期总 等级

注:1.评价等级分为四等:A_____优秀(90~100),B_____良好(75~89),C_____及格(60~74),D_____待努力(0-59)。

2.空格处根据校本课程科目进行填写。

学生发展质量评价,以每个学生的基本素养、特殊素养、过程体验为评价对象,以促成学生成长的基本要素为评价内容(包括道德品质、公民素养、学习能力、交流合作与实践创新能力、运动与健康、审美与表现等等),关注学生情感发展,如关系感、归属感、发展感、获得感和自我实现感,还有体现学生过程体验的幸福感和参与感。评价不仅仅是通过学业成绩进行甄别和选拔学生,更是促进学生的发展,促进学生潜能、个性、创造性的发挥,使每一个学生具有自信心和持续发展的能力、良好的人际关系和学校适应能力。

学生的发展质量是学校教育工作成效的集中体现,对于认知和人格发展都处于关键时期的义务教育阶段的学生而言,正确地对其进行发展质量评价有助于让他们认清自己的发展状态,激发他们的学习兴趣和学习动机。①学生发展质量评价的建立势必会相应地影响到对教师的评价和对学校的评价。在国家倡导的新的育人体系及学校学生发展评价的方案的实施之前，应试教育质量评价机制下对学生、教师、学校以应试成绩为唯一评价标准的做法也势必会发生改变。②

展望未来，中小学生发展质量评价作为基础教育评价的关键与核心，其价值追求应该始终导向以人为本，以人的幸福生活为根本旨趣，通过科学严谨的工具与评价方法、手段获得可信的结果，并将这些结果用于引导学生或学校、组织进一步改进教育行动，从而获得可持续性的发展。③

① 司斌：《义务教育阶段学生发展质量评价现状及提升路径》，《新校园》2022年第1期。

② 杨镇陵：《对建立中学新教育质量评价机制的思考》，《上海教育科研》2009年第11期。

③ 左璜、吴丹颖：《中小学生发展质量评价的国际动态：进展与前瞻》，《外国教育研究》2022年第2期。

第六章　专业发展　幸福续航

《关于全面深化新时代教师队伍建设改革的意见》中谈到：百年大计，教育为本；教育大计，教师为本。教师承担着传播知识、传播思想、传播真理的历史使命，肩负着塑造灵魂、塑造生命、塑造新人的时代重任，是教育发展的第一资源，是国家富强、民族振兴、人民幸福的重要基石。放眼世界，教师专业发展已成为世界各国教育改革和发展政策中的核心要素，也是教育改革成功的核心因素。①具体来讲，教师的发展是学生发展的基础，是保证教育质量的前提条件。②因为教师需要具备使学生能够进行有效学习的能力，这就要求教师应具备更为广博深厚的知识积淀以及熟练丰富的教学技能，其本质就是要求教师实现专业化的发展。

第一节　幸福为本的教师专业发展

以幸福来解读教师专业发展，或者使教师在专业发展中感受幸福，是教育者对于其所从事事业的基本需求。广大中小学教师的幸福感，是亿

---

① 侯乐旻：《国外教师专业发展对我国的启示》，《西部学刊》2020年第1期下半月刊。

② 马海兰：《教师专业发展的问题及对策探析》，《创新创业理论研究与实践》2020年第22期。

万中国人民幸福的重要组成部分。它不仅对教师工作状态和教育质量有重要影响,而且关系到亿万青少年学生的学习、成长与幸福。教师幸福感对学生幸福感、家长幸福感和人民幸福感具有重要影响。在一定意义上说,教师幸福感甚至是关系学生发展、人民幸福和国家富强的重要问题。"让幸福成为一种习惯",幸福课程的开发与实施,不仅为学生成长赋能,学生各项知识与技能、能力与素质在初中三年的学校生活中得到全面培养与强化,同时也为教师的专业能力发展与素养提升增砖添瓦。陈艳华指出,教师的幸福感就是教师在自己的教育工作中,基于对幸福的正确认识,通过自己不懈努力,自由实现自己的职业理想、实现自身和谐发展而产生的一种自我满足、自我愉悦的生存状态。[1]我们认为:职业幸福感是教师专业发展的基石与归宿,是教师专业发展的重要维度,而教师专业发展则是教师幸福的内在机制。"以幸福为本的教师专业发展",即教师专业发展以提升教师的职业幸福感为出发点,教师们在不断追求幸福的过程中促进自身专业发展,借助丰富多彩的活动,使教师在自身的提高与发展中体会幸福。

如何促进教师的发展,一直是教育界关注的焦点。教师专业发展可能存在着诸多问题,如教师没有主动参与和规划发展的内在动力;教师有着厌"学"、厌"培"的心态;教师处于一种被动发展的状态,常常是"要我发展"而不是"我要发展";教师的职业认同感较低等。[2]面对当今新课程改革步伐不断加快的大环境,六十九中重视教师能力与素养的全面提升,无论是在专业知识能力,还是在职业道德与身心发展方面,都做了大量的尝试与努力。

一、注重党政工作建设,深化理想信念教育

教师的专业成长对学校的整体教育质量有重要的决定作用,学校党建

---

① 陈艳华:《谈教师的幸福》,《济南大学学报》(社会科学版)2003年第1期。
② 仲玉凤:《论教师专业发展的生命自觉:理想样态与现实分析》,南京师范大学硕士论文,2015年。

工作在培养教师师德师风、提升教师专业素养等方面也发挥着重要作用。

首先,学校党建工作的开展有利于培养具有稳定专业理念和系统专业知识与能力的专业化教师队伍。教师的业务水平是其专业发展的重要指标,也是决定教学质量的重要因素。在党建工作与社会工作深度融合的社会背景下,学校党支部也不断在实践中探索党建工作引领教师专业发展的策略。学校党支部以教育科研为引领,以高效课堂教学为主阵地,助力教师的专业发展。其次,学校党建工作的开展有利于培养具备较高思想政治觉悟和高尚职业道德的高素质教师队伍,学校党建工作对新时代师德师风建设起着重要的基础作用,利用基层党组织的政治作用,可以强化党员教师立师德、正师风,从而带动全体教师塑造良好的师德师风。

党建引领,提升教师幸福指数。我校教师浸润幸福文化,也同样创造着幸福,即便面临困难与挑战,也展现出敢打硬仗、素质过硬的可贵品质。这与我们心中坚定的理想信念是分不开的。以2021年为例,全校积极开展党史学习教育,组织书记上党课五次,理论中心组成员的专题集中学习十二次,党员教师讲党史三次,"三会一课""党日活动"扎实认真。党建活动的方式与时俱进,党史主题校园活动、红色观影活动、共述"四史"活动、种植花卉美化校园、"我与国旗合个影"等一系列活动,既有趣味,有品位,又有深度,有温情。思政课、主题班会、国旗下演讲、广播站学党史专栏等一切可以利用的平台,都是师生共同厚植爱国爱党情怀的沃土;"童心向党书法展示""向党说说心里话征文"等一切可以利用的活动,都在师生手中妙笔生花;校本课"研史铸梦",让校史会说话,让家国情怀落地,思政课《习近平新时代中国特色社会主义思想》等课程,传承红色基因,追逐中国梦想。

"中原区先进基层党组织"的光荣称号,是对六十九中党建工作最大的肯定与认可。在7.20特大洪灾发生后,全体党员教师义无反顾地投入到灾后重建工作中,支援街道物资搬运,深入社区地下车库清理淤泥……不怕苦,不怕累,体现了过硬的政治素养。

二、关注理论提升过程,加强师德师风建设

《中国教育报》2020年1月14日第2版报道:《关于加强和改进新时代师德师风建设的意见》(以下简称《意见》)的颁布实施,是进一步落实《中共中央国务院关于全面深化新时代教师队伍建设改革的意见》的一项重要举措,是指导和督促各级教育行政部门和各级各类学校全面贯彻和落实中央有关要求,把"全面加强师德师风建设"作为首要任务,进一步建立和完善师德师风建设制度规范体系,逐步形成师德师风建设长效机制的有力举措。《意见》明确提出"突出课堂育德,在教育教学中提升师德素养",这既揭示了教师所承担工作的基本特点和教师专业发展的基本规律,也指出了师德素养提升的重要性。从师德素养与育德能力的关系上看,两者有着不可分割的联系。"师德"是教师和一切教育工作者在从事教育活动中必须遵守的道德规范和行为准则,包括与教育活动相适应的道德观念、情操和品质。由此可见,确立高尚师德是教师育德能力发展的关键,提升育德能力是促进师德发展的进一步要求,也是对教师教育教学专业能力全面要求的应有之义。

教师职业幸福感促使教师把教育工作作为人生价值追求,以积极主动心态立德树人,创造开展教育教学工作。教师要有坚定的信念和对工作的执着。教师要建立自己的职业发展规划,更新教育理念,有效应对教学变革。教学中管理学生有良方,工作有自主性,和学生共同成长,真正体验职业的幸福。[1]

教师专业素养的全方位提升道路中,有些专业素养通过理论引导的方式就能够得以充分实现,但是还有些专业素养必须通过实践体验与指导才能达到预期效果。其中,教师职业道德素养与能力素养是需要教师在实践中体验它们的重要性,并且通过实践指导方可得到有效的强化。[2]

---

[1] 刘生宏:《略叙提升教师职业幸福感的有效策略》,《智力》2020年03期。
[2] 李茜:《初中教师专业素养的全方位提升之路分析》,《才智》2020年19期。

首先,定期开展师德师风建设专项会议及学习活动,签订目标责任书,同时讨论学习心得,交流反思感悟。反思是成人学习的核心。自我反思不仅有助于教师更轻易地应对困境,还是教师成为研究者的必要途径。[①]

其次,在不断深化教师职业道德素养与能力素养的过程里,要为教师打造出一种"竞争氛围",倡导教师自己在竞争中去总结经验,并适当为之提供相应的指导或启发,进而让教师职业道德素养能力、素养水平上升至新的台阶。教师主动参与竞争,也可以增强自身的幸福感。比如,教师参加讲课比赛是快速提高教学水平的有效途径。教师能够鼓起勇气参加比赛,接受来自其他选手的竞争就是一种对自我的挑战,就是向成功迈出了第一步。在比赛的准备过程中,熟悉自己的教学内容、对教学环节进行反复的揣摩,对教学过程进行不断地演练,可以大大提高教师的讲课水平。课堂教学是一种现场生成,教学计划预设得再好,也不会完全按照预想去发生,如何恰当地处理突发事件,是对教师随机应变能力和基本素质的考验。此外,通过比赛现场,和对自己参赛视频的回看,参赛教师就会找到自身不足,发现与他人的差距,从而快速找到问题所在。

学科知识是一个系统的、有序的、完整的知识体系,教学设计也反映了一个教师对教学的整体性和系统性掌握的程度,既要注重挖掘知识的深度,又要进行系统的归纳,它考验的是一个教师整体的教学水平和综合能力。"宝剑锋从磨砺出,梅花香自苦寒来",或许比赛的过程很折磨人,但结果却是好的,不仅提高了教师个人的自信,更促进了自身专业水平的提高。

三、积极开展工会活动,丰富教师课余生活

学校工会工作作为群团组织工作的重要组成部分,始终坚持以马克思主义工会理论为行动指南,始终把坚持和加强党的领导摆在核心位置,始终坚持把时刻紧密团结全体教职工作为工会工作的出发点,始终把依法依

---

① 侯乐旻:《国外教师专业发展对我国的启示》,《西部学刊》2021 年 1 月下半月刊。

规办事作为工会工作的坚实保障。[①]

在上级工会和学校党委的正确领导以及学校行政和全体教职工的大力支持下,学校工会紧紧围绕学校党政中心工作,不断加强自身建设,全面提高教代会质量,充分履行工会维护、建设、参与和教育四项职能,在培植校园文化、促进学校民主管理、丰富教职工文体生活、大力开展送温暖活动、帮扶救助困难教职工等方面发挥积极作用。

六十九中紧紧围绕幸福课程建设,在促进教师专业发展方面,不断进行实践与思考,我们认为:教师发展的目的是追求幸福,教师发展的过程也必将洋溢着幸福。这种观念影响学校全体成员的思考、行为和感知问题的方式。学校全体成员都在这种文化中熏陶,受学校文化的滋养教育,正如教育部人员所说"所谓教书育人、管理育人、服务育人、环境育人,说到底,都是文化育人。"学者陈英冲考察学校文化与教师工作态度之间的关系,研究发现,越强的学校文化,就越有可能更好地推进教师的工作。[②]

学校如我家。工会活动秉持"规范校务公开,推进学校民主管理;做实关爱帮扶,提高教职工幸福指数;推进文化建设,活跃教职工课余生活"的原则,长期以来,我们组织新入职教师成长沙龙活动,入职一两年的教师为新加入大家庭的老师分享经验,以便其更快地适应工作、融入团队、加速成长;举办退休教师欢送会,精心准备的视频中,老师们青春的模样、一路走来的点点滴滴,让不少老师都感动得潸然泪下;筹备冬季送温暖活动,暖和的手套带上、象征学校文化又实用的手提袋提着,这是家人间的情谊,关心你穿得暖不暖,关心你回家路上是否安全。温馨的生日蛋糕卡,三八节套圈活动,端午时节一起包粽子,趣味运动会全力拔河、骑自行车,冬至那一碗热腾腾的饺子,都是我们幸福快乐的记忆。因为我们是一家人,多少老师一辈子的青春与热血都洒在了这片热爱的土地上。六十九中是所有老师携手并进、荣辱与共的大家庭。正因我们时时处处品味着幸福,内心才

---

① 姚丽萍:《加强学校工会建设凝聚学校发展动力》,《知识文库》2021年第23期。
② 杨霞、朱琳:《特色课程建设,助推教师专业发展——广州市第十六中学特色课程建设实践与思考》,《新课程》(下)2017年第10期。

会更加坚定信念,去把温情传递,把青春与热血奉献给教育事业。工会活动,充分发挥了"大家庭"的作用,推进学校文化建设,提升学校教职工队伍的综合素质和水平,强化了教职工的学习观念和学习行为,激发了创造力、增强了凝聚力,促进教职工队伍整体素质进一步提升。

第二节 基于课程建设的教师专业发展

特色课程建设是教师专业发展的重要方式和有效途径。借助特色课程开发促进教师专业发展,使教师成功地完成了课程改革中的角色转换:从国家课程开发模式下课程实施的"消费者"到特色课程开发实施的"生产者",从机械的"教书匠"到主动探究的"研究员",从被动的"教师"到成为智慧的"导师",从传统的"独奏者"到合作的"伴奏者"。简言之,特色课程开发成就了教师专业发展的快速提升。[①]

教师在学校文化中熏陶成长发展,在特色课程开发实施中教师的主观能动性更强,能更快更好地理解学校特色课程的理念、目标,教师的课程价值追求与学校特色课程理念、课程培养目标一致。教师主动对特色课程实践进行理性思考规划,让教师主动规划课程方案的制订与实施,自主思考课程资源的整合与开发,回归课程教学实践中的难点,提升课程教学质量,提升教师专业水平。教师课程意识力增强,能激发教师内心课程建设的动力,并能对特色课程开发与建设保持理性、客观的视角,还能充满智慧地创新。

任何一种课程的产生和存在都有特定的文化土壤和背景,可以说,文

---

① 杨霞、朱琳:《特色课程建设,助推教师专业发展——广州市第十六中学特色课程建设实践与思考》,《新课程》(下)2017年第10期。

化是课程的根，课程是文化的承载。六十九中以二砂文化为基石，①开发实施了特色幸福课程。特色课程的实施要靠教师队伍，教师专业发展与特色课程建设是比肩同行的双向活动，教师的专业能力与素养直接关系着特色课程实施的成败。②学校不断地实践与思考，通过特色课程开发实施的过程，对教师的教育教学理论的学习、课堂教学模式的改进、教学观念的更新、教学方式的改进、教育教学的管理提升等多方面起到推动作用。在特色课程开发过程中，学校通过专家讲座分享与引领，明确了特色课程的目标，也为各位老师设置了更新更高的发展目标，从而激励教师进行理论学习，提升教师教育教学理论水平。同时，积极发挥集体教研、集体备课的作用，组织教师对优秀案例进行观摩研讨，学习优秀经验武装自己。除此之外，还设置激励机制鼓励教师突破自己，更新课堂模式让教师在不断地解决问题、不断挑战难题的过程中发展和进步。

一、注重理论储备，提升幸福内核

学校教育教学质量取决于学校教师的专业水平，而教师的专业水平随着教师的专业成长不断提高。美国著名教师教育专家波斯纳提出教师专业成长公式"成长=经验+反思"。新课程非常强调教师要对其教学实践活动进行反思，通过反思促进其专业实践性知识的发展和教学水平的提高。由此，教师需要深刻地反思，对已有教育理念中的偏见和习惯进行检查，打开自己的思想，不断去学习接受新的方法。教师知识主要分为一般知识和专业知识两类，前者主要是指教师的普通科学文化知识，后者主要包括专业学科知识、教学法知识、教育和学习心理学知识等。专业知识是教师从

---

① "二砂文化"：二砂是原中国第二砂轮厂的简称，始建于1956年，"一五"期间由当时的民主德国协助兴建，是当时机械工业部直属的大型综合性磨料模具骨干企业，也是国家当时在郑州投资最多、厂区面积最大、全国规模最大的砂轮厂。在那个红色的年代，无数个热血青年艰苦奋斗，投身到祖国需要的地方去，把自己的青春奉献给二砂，奉献给祖国，由此形成具有时代和地域特色的二砂文化。

② 刘兵、龙娟：《基于课程建设的教师专业发展探索与实践——以四川天府新区为例》，《新课程导学》2021年第26期。

事教育教学活动所必需的知识,在教师专业素养的结构中处于基础核心地位。它既是教师形成科学适宜教育理念的基础,也是教师完善专业能力的必要前提。阅读是获取知识最主要方式之一,持续的阅读和终身的学习是教师增长专业知识、丰富教学资源最直接、最简便、最有效的方法。阅读既可以充实教师的专业素养,又可以促使教师站在更高的起点上反思自身的教学行为。与教师的课程资源一样,教师科研能力也是教师专业结构的一个重要组成部分。 首先,阅读能使在理论与实践的比对中发现教学中的问题;其次,阅读可以使教师了解其他人对某个问题的研究取向和程度,从而作为自身研究的起点;最后,阅读可以使教师掌握最新研究动态和最新的研究方法等。教师即研究者,而广泛阅读是教师进行教育科学研究的基础和资源之来源,更是教师专业发展的基础。①

　　学校为了培养教师的阅读习惯,开展了丰富多彩的活动。学校自准备国家课程校本化开始,便组织全校老师多读书、读好书。在左璜教授亲临学校指导时,学校请左教授提供了一些必读书目,各位老师在工作之余认真阅读,并在教研会、课程建设小组会等各种教研交流场合互相交流读书感悟。除此之外,在每年的寒暑假期,学校都会组织"读一本好书"的活动,并在开学后组织各位老师上交读书感悟,进行精彩的读书分享活动。

　　任务导向是教师学习的有效方式。它融学习于任务之中、融理念于实践之中、融反思于活动之中,能充分调动教师的参与、互动、交流、合作、体验,具有很强的针对性和可操作性。②为了更好地提升教师们的专业内核,教育局及学校安排了一系列的网上培训内容及专家讲座学习,让教师们在繁忙的工作之余能够有专业的、完善的课程内容来帮助自己提升。每一位老师在培训或讲座的学习过程中,对自己、对学生以及对课堂的反思,也是自我提升过程中的宝贵经验。

---

① 刘兵、龙娟:《基于课程建设的教师专业发展探索与实践——以四川天府新区为例》,《新课程导学》2021年第26期。

② 尹洪辉、颜廷梦:《教师专业发展视角下的教研活动研究与实践》,《文化创新比较研究》2021年第2期。

案例6-1:

再读《爱的教育》

郭鹏举

我看这本书好多年了,只因为他平静的叙述,它对于美好的向往!

我感悟较深的是文章中主人公的父亲。他为了要求自己的孩子好好学习,他采取的措施不是没完没了的唠叨,也不是粗暴的警告,而是温柔如春风吹拂杨柳般的劝导。这位父亲为了说服自己的孩子要用功读书,给他的孩子举了很多已经投入工作的人也不忘读书的例子,让他的孩子更进一步地了解读书的重要性。这世界上有千千万万的孩子为了读书而刻苦努力着,而你也要做这千千万万孩子中的一员。

这位温和的父亲用他坚韧而亲切的笔触敲开了孩子的心扉,因为他非常清楚地知道最能打动这个年幼男孩的心灵的是什么。他从不仗着自己是个父亲而在儿子面前装作高高在上的一个大人物,而是学会和儿子沟通,犹如知心朋友一般的亲切。他教育儿子要想成为一个男子汉最重要的就是"勇敢",勇敢地去面对成长中的种种困难和种种挫折。如果有对不起哪个朋友的事,要勇敢地去道歉承认错误并请求原谅。这难道不是一位成功的父亲吗?

文章中母亲那"爱"的教育也让我感受颇深。一次,她的儿子闲在家里,所以她就领着儿子到畸形儿学校去,却让她的儿子留在校门口,不让他进去。出来后对这儿子说:"我之所以不让你进去,像你这样体质健康的小孩进去给那些不幸的残疾儿看见,他们是多么伤心,有可能他们还会自暴自弃。"是的,对于那些残疾儿来说他们的心里都有一块阴影,现在好心人的帮助早已把阴影抛在脑后了。如果再让他们看见那些比他们自己健康而又更快乐的孩子,就等于重新再揭他们的伤疤。所以这位母亲教育儿子要为别人着想,要有着一颗善良的心。无论谁遇到了困难都要伸出一双温暖的手去帮助他们。

虽然《爱的教育》只是一个孩子的成长日记,却仍然给我了很多启发。故事是清澈的,充满生活色彩的,让我们明白感恩,有时也会有追忆,明白平凡中的伟大！这本书让这世界到处充满欢声和笑语。

案例6-2：

读《做不抱怨的教师》有感

高冰

假期期间，我阅读了《做不抱怨的教师》一书，感触颇深。这本书就像一剂良药，慰藉了心灵，我将用它的理论在今后的教育之路上践行自己的人生目标，实现自己的人生价值。

教师这一职业一直是受人尊敬的职业，可是随着时代的发展，独生子女越来越多，家长对教师的要求也越来越高，这就无形中给我们教师带来了压力。所以我们教师要调整好心态，正确应对种种压力，用阳光的心境缓解压力，勇敢的挑战压力，让自己的工作充满挑战性，在这三尺讲台上创造出自己精彩的人生。

常常有老师抱怨说："某某同学真笨，这么简单的问题都搞不懂。""家长还说自己的孩子够聪明，简直太笨了。""这届学生笨的太多，教的都感觉没有成就感。"等等，这是教师常常抱怨的声音，当然也从侧面表达出对学生的期望。但世界上没有一个人是十全十美的，也没有一个人会让自己完全满意。正所谓"己所不欲，勿施于人"，既然我们不能苛求自己做到完美，那么也应当让自己对他人少一些抱怨，多一些包容、善意和尊重。教师不仅要"教书"，更要"育人"。可能某个学生学习成绩不理想，但他总有闪光的一面，我们要善于发现和挖掘。比如某学生热爱劳动，就让他担任劳动委员，充分调动他的积极性，培养其组织能力。某学生在音体美方面有特长，可带给他展示的机会等等。相信任何一个学生在爱的教育下都会有所收获，健康成长。

抱怨，产生不了任何喜悦，也不会让我们的生活和工作增姿添彩，反而会让我们的负面情绪不断叠加，从而产生更多的不快。教育是一种智慧，教师要具有育人的智慧。在我们的教育工作中，如果抛弃让学生人人"优秀"的想法，顺应自然，那么孩子们的笑脸会不会更多些呢？

抱怨与苦恼的真正根源，并不源于我们在工作和生活中所遇到的困难,而在于我们对它持有的态度。纵使是"恼人"的事情,换一种心情、换一个角度看待,也能让人感到心满意足。"不以物喜,不以己悲",时时注意保持快乐的情绪,做一个阳光的老师,不抱怨的老师。拿得起,放得下,生活就会简单而充实,也会在无形中给身边的朋友和学生传递正能量。

一位伟人曾经说过:"有所作为是生活中的最高境界,而抱怨是无所作为,是逃避责任,是放弃义务,是自甘堕落。"如果你还有时间抱怨工作,那么你就有时间将工作做好。喋喋不休地抱怨,注定于事无补。若想拥有美好前程,就要抛弃所有抱怨,学会享受工作中的乐趣。

读了这本书,我觉得我应做到不悲不喜,不卑不亢,多工作,少抱怨。累了,伸伸懒腰;困了,望望远处的风景;烦了,想想人生的美好;厌了,找家人说说内心的苦闷,让倦怠从此随风而去⋯⋯

案例6-3:

新形势下中小学心理健康教育活动的创新设计与实施心得体会

谷跃丽

今天,我们观看了《新形势下中小学心理健康教育活动的创新设计与实施》,感触颇深。看见、接纳与改变,这是后疫情时代的学校心理教育的特点。我们常说,在生活中,我们很多人都听说过那么多道理,但是依然过不好这一生。对于学校的老师来说,孩子在新形势下的心理健康教育尤为重要。特别是这几年,心理有问题的孩子越来越多。因为抑郁症,越来越多的孩子无法正常上学,而办理了休学。但是通过观察发现,休学回来的孩子因为长时间脱离了学习的环境,想再次融入到校园的学习中,是很吃力的,影响了孩子的正常的学习和生活。这种现象在如今的校园中越来越普遍。其实,在生活中,不论是正在学习的学生还是正在工作的我们,每天都面临着不同的挑战,心理的承受能力也在逐日增强,如果有一天超出了我们承受能力,谁都会崩溃。

所以我认为,对于我们每一位老师来说,都应该学习一些心理知识,在面对压力的时候,可以调整自己的心态。所教的孩子遇到的心理问题的时候,我们也有方法指导。教师的职责是教书有人,既要传授知识,又要关心爱护学生。

从讲座中,我明白了,我们之所以无法改变,往往是基于我们无法看见自己的脆弱,我们内心感受到深深的伤害,这是我们成长的卡点。如果我们想要让自己的改变更为快速点,最好的方法和方式是学会看见和接纳,这是我们改变最大的力量。

心理学家曾经发现,人若处于负面的情绪中,尤其是内疚的负面情绪,往往是没有能量的。

事实上,如果我们想要改变自己,最重要的是放下自己的批判,当我们持续批判自己的时候,尤其是我们批判自己特别糟糕的时候,我们内在的力量基本上都是负的。而好的能量才能激励我们持续成长。放下对自己的批判是对自己最好的关爱,也是帮助自己恢复能量的最好方式。

当我们持续关爱自己的时候,我们才会有力量改变。当我们内心处于自责批判内疚的情绪中,会让我们觉得自己的生命一无是处,太糟糕了,才会导致我们内在的生命陷入无力的状态中。

自我关怀是面对自己的脆弱告诉自己,是的,我很脆弱,但是我相信这只是暂时的。我们不会因为自己的脆弱,而陷入长久的情绪中。

通过自我的关怀让自己恢复力量,从而更好地前行。真正的改变来自我们懂得关怀自己,相信内在的自己其实很好。

你越相信自己的内在,你越容易从低迷的情绪中走出来,从而为自己的改变创下良好的基础。我们坚信:好的成长是学会向前看,而不是沉浸在创伤中不自拔,更不是把过去当作未来。好的爱是永远用最好的态度对待自己,面对生活的不如意选择持续奋斗和希望,相信伴随着自我的努力,我们总会走出生活给我们的困境。

二、研讨观摩学习,提升自身水平

教研的目的是提高自己的专业素质,从而改进教学实践。校本教研即学科教师在备课组或学科组定期对教育教学涉及的各方面问题展开讨论,达到互相启发、共同进步的目的。校本教研的形式有集体备课、示范课、汇报课、学科知识讲座、教法学法研讨、解题和说题、备考研讨、课题研究、技能比赛、校本课程开发等。校本教研是学校教育教学活动中提升教师专业能力的最常见、最有效的教育科研活动。它需要全体教师共同参与，一起解决当下教育教学活动中的问题，具有整体性、针对性、主体性等特征。教师在校本教研活动中，能够解决实践中的疑惑，掌握有效的方法，从而提高专业素质，更具专业自主性。①

为了确保教研工作的顺利及有效进行，学校制定一系列规章制度。一是制定业务学习制度。如每周固定时间，教师们进行集体学科活动，互相讨论交流、反思最近实际教学中遇到的问题。二是制定听课研课制度。教师之间相互听课，课后交流研讨，促进自身的专业成长。三是搭建教研评估平台。如通过"写笔记""说研究"等符合一线教师习惯和逻辑的形式，进行教研成果的展示，站在教师的角度思考教研管理与评估，引领教师走上真正幸福的教研之路。②

"教师真正的专业成长不在于职前培训也不在于脱产学习。教师能力的显著提高是在其任职学习的教育教学实践中"进行的。课例研究聚焦于"原汁原味"的课堂，始终围绕教师"怎么教"和学生"怎么学"的教学实践，能帮助教师发现课堂中潜在的真实的问题。在课例研究中通过共同研讨学习，反复修改教学思路和方法，切实解决教学中的实际问题，能逐渐缩小课程发展与教师的实践之间的差距。课例研究有助于教师全面了解学生，提高教学效果；有助于教师加强理论学习，使教师成为真正的研究者；能够促进教师深入研究教材，增进教师对教材知识的理解；促进教师合作学习，共同提高教学能力；促进教师自我反思，改进教学。③

在幸福课程体系构建过程中，整个课程团队是引领课程建设前进的

---

① 邱国民：《新课程改革背景下教师专业发展途径的实践探究》，《名师在线》2021年第33期。

② 刘健智、李丽萍、贾丽芳、曾红凤：《教师专业成长水平：现状、影响因素与提升策略——以中学物理教师为例》，《教育测量与评价》2021年第4期。

③ 齐晶莹：《课例研究：教师专业发展的有效途径》，《教育探索》2009年第4期。

中心力量,五个课程团队则是推动课程建设落地的主力军。在幸福课程研发设计过程中,各个团队积极汲取优秀学校的经验,认真观摩优秀学校案例,并做深入的分析和研讨,以期借助前人的优秀经验,将学校课程建设更快、更好地落地实施。在寒暑假期中,每一位团队成员都积极学习左璜教授的讲座资料,提交自己的学习心得与体会,并在团队建设会议上,积极与其他老师沟通,取长补短,答疑解惑。在每一次课程落地实施前后,课程组内成员会事先对这节课细细打磨,在课后根据学生的反应、课程实施的具体情况再对课程进行调整。对每一节落地实施的幸福课程都做到了课前充分准备,课中仔细观察,课后积极总结反思。每一次的研讨、观摩,都是教师互相影响、互相帮扶、积极成长的平台。为了促进学校大单元教学设计教研活动,邀请区教研室优秀教师针对学校大单元作业设计及课堂观察量表进行针对性的指导,更明确了大单元教学设计、作业设计应以课程目标为核心,紧紧围绕教学活动,符合学生学习及认知发展逻辑。

案例6-4:

浅说对大单元作业设计的一些认识

语文组:李双

本学期,我们八年级组主要的教研任务就是进行大单元作业设计,在设计和实施过程中,增进了我对大单元作业设计的认识。

一是素养意识。语文2022版课标中明确指出,语文课程的核心目标就是促进学生核心素养的发展。义务教育语文课程培养的核心素养,是学生在积极的语文实践活动中积累、建构并在真实的语言运用情境中表现出来的,是文化自信、语言运用、思维能力、审美创造的综合体现。我们的教学不是以掌握知识为目的,而是要注重学科能力的形成和素养的提升。所以作业设计也要以此为导向,细化核心素养,在设计时要有素养意识,明确作业的落点是否有助于学生学科素养的培养。

二是目标意识。作业,是链接教学与评价的重要桥梁。在"教—学—评"理念引领下,作业是检测学生学习效果的重要一环,发挥着"评"的功能。要想较好地发挥此功能,必须有科学明确的作业目标,单元作业目标必须与单元学习目标保持一致性,作业任务的设计必须与单元作业目标保持一致性,作业设计者必须清楚作业设计的指向是什么,做到有的放矢,这样的作业才是有效作业。另外,单元作业目标除了发挥统领性作用外,为了更好地达成,还需要将单元作业目标细化到课时作业目标中,既可以避免布置重复性的作业,又可以使作业呈现出层次性和梯度。

三是学情意识。在作业设计的过程中经历了很多次调整改动,有时候觉得这个作业设计与单元作业目标很匹配,设计也很新颖,可是却无法落实。究其原因,就是没有考虑到学情,没有站到学生的立场去考虑,比如学生的理解能力、实践能力、作业的难度等。对此就需要作出调整,如:给学生提供学习支架——评价标准,提示学生思考路径;设置分层作业,关注到不同层次的学生。

四是情境意识。建构主义认为,知识是一种高度基于情景的实践活动,在真实的情境任务中,学生才能调动所学知识来解决问题。钟启泉教授曾指出,"核心素养"不是直接由教师教出来的,而是在问题情境中,学生借助解决问题的实践活动培育起来的。这次作业设计就设计了贴近学生生活的情境,激发了孩子们的参与欲望,在问题解决中完成了对游记这类文体的阅读、写作。

五是反馈意识。作业,是对教学的反馈。有助于教师通过作业发现学生在学习中存在的问题,调整和完善教学内容与方式。批改学生的作业时,要及时记录学生作业中反馈的问题,进而审视自己作业的设计,并做出调整。

三、跨学科课程开发,推动教师发展

跨学科主题课程是指聚焦某一个主题,运用两个或两个以上不同学科观念,将学习内容结构化,指向问题解决的综合性课程。核心素养成为落实立德树人任务的关键和基础,而跨学科素养作为核心素养的一部分,成为学科素养通往核心素养的桥梁,跨学科主题课程的建设成为核心素养落地的一条有效途径。跨学科主题课程在提升学生核心素养方面发挥着有效促进作用,核心素养的培养也需要跨学科主题课程的协同推进。跨学科课程使教师对自己的角色有了全新的认识,由原来的单学科教师向全学科教师角色转变。跨学科课程让教师认识到各学科之间是融会贯通的,通过跨学科教研教师认识到知识的整体性和单一学科教学的片面性,从而意识到打破学科壁垒、融合不同学科知识来展开教学活动也是一种不错的尝试。通过跨学科教学,教师对跨学科课程的教学策略有了基本的认识和理解,为教师进一步实现跨学科教学指明了方向。[1]

六十九中的幸福课程是国家课本校本化的落地。在国家课程校本化的过程中,着力于突破学科界限,进行跨学科课程开发,以期能够多维度、多角度地提升学生的学习能力。在跨学科课程开发之初,学校鼓励各科老师将本学科知识进行分类,并组织各个学科教师从知识分类中寻找联系点,或通过"头脑风暴"等形式组织教师寻找、发现跨学科课程开发的切入点,在跨学科课程开发、实施过程中,也在不断寻找跨学科各个课程之间的逻辑性,以期课程的设计能够符合学生的成长发育逻辑。为了鼓励老师多思考、多总结、多发现,学校鼓励老师每个月对自己的教学过程进行反思,并提供多种资源渠道,帮助老师整合跨学科课程的相关知识,提升跨学科课程开发的专业性。

在跨学科课程研发、建设过程中,我们发现跨学科课程对教师在专业知识、技能、情感态度等方便都有较大的提升。通过跨学科课程的开发,我校教师在多方面取得成果。例如郭振峰老师、贾若瑜老师、韩晓梦老师设计的"科学玩转生活"课程,时丽琴老师、吴佳老师和马娟老师设计的"研史铸梦"课程,获得中原区校本课程设计二等奖,张丽霞老师、刘冰冰老师和张毅楠老师设计的"文化品牌"课程获得中原区校本课程设计一等奖。学校也因此获得了中原区课程建设先进单位。在跨学科课程开发过程中,年

---

[1] 郭圣涛、王健:《跨学科主题课程唤醒校本课程的新生命》,《小学教学研究》2022年第11期。

轻教师的课程设计能力也得到了很大的提升。在跨学科课程开发过程中，我校教师的各项能力均得到长足发展。

案例6-5:

"生活中的酸碱"教学设计

设计者:贾若瑜

单元	生存	单元课时	四课时
课题	生活中的酸碱	课题课时	一课时

背景分析	科学的探究精神作为新时代中学生的发展素养,不仅仅应该在学生的在校学习过程中格外强调,更应该鼓励学生将科学的探究精神与生活中的知识相结合。本节课利用学生在日常生活中经常遇到变色的现象,从学生熟悉的场景开始,带领学生逐步探究生活中与酸碱相关的变色实验,激发学生的求知欲和探究欲,并以此来培养学生的创新精神和实践能力,训练学生进行科学探究的方法
学情分析	对于七八年级的学生来说,关于酸和碱,在已有的生活经验和以往的学习过程中学生简单接触过这两类物质,有了零散初步的认识,但是并没有明确的知识概念。对于九年级的学生来说,在学习过物质的性质之后,可以理解酸性物质和碱性物质的概念。基于这样的学习基础,在课程设计中,穿插了一些知识卡片,便于学生理解探究内容。 青春期的学生总是有很大的好奇心,他们急于了解自己所处的这个世界,这是学生求知欲的表现。在动手操作方面学生操作的条理性、合理性都在逐渐地完善。利用学生强大的求知欲为引导,结合他们日益增长的动手实践能力,帮助学生树立科学的探究精神
设计意图	1.利用知识卡片,通过学生的讨论交流,得出简单的有关酸碱的知识概念。 2.通过酸碱指示剂的制作过程,了解科学的探究方法、科学的实验方法,初步培养科学的探究精神。 3.通过对身边物质的了解,简单理解我们身处的世界由各种各样的物质组成
学习目标	1.通过知识卡片的学习,简单了解酸碱的相关知识,知道如何判断哪些物质是酸性,哪些物质呈碱性。 2.通过动手实践、探究的过程,能够得出哪些物质可以用来判断酸碱。 3.通过课后任务,引导学生关注生活中的点滴知识。引导学生理解不同的物质在生活中的作用。引导学生用科学的眼光看待物质

评价设计	评价任务	评价要点	针对目标
	酸碱如何区分?	能够通过小组讨论得出酸碱的简单概念和酸碱的区分方法	目标一
	指示剂实验探究	通过实验探究得出适合用来区分酸碱的物质	目标二
	课后任务:酸碱在生活中的作用	课后收集相关资料,并能够展示分享自己的收获	目标三

教学过程					
目标与评价	课堂要素	教师活动		学生活动	对应的五感
	视频引入	展示:紫薯粥变色的视频。 引导语:这是一个很神奇的颜色变化,原本让人看着并没有食欲的紫薯粥,在加入柠檬汁之后变成了让人食欲大增的紫色。为什么加入柠檬汁就可以让颜色发生变化呢? 我们先来认识学习一下和柠檬汁相关的知识		学生观察视频激发学习兴趣	培养学生的发展感
学与教活动设计	目标一:通过知识卡片的学习,简单了解酸碱的相关知识,并能够区分	合作+展示	1.教师展示与酸碱相关的知识卡片,请同学小组讨论有这些知识卡片,能得出的酸碱的相关知识。 2.由这些知识进一步分析如何区分酸和碱	学生以小组形式讨论分析,对新接触的知识进行整理消化。 由小组代表分享小组的讨论成果	培养学生的参与感、获得感和自我实现感
		环节过渡	引导语:判断或区分酸碱需要借助名叫酸碱指示剂的物质。它可以遇酸、遇碱分别呈现不同的颜色。就像视频中的紫薯粥遇到柠檬汁变色一样! 提问:生活中除了紫薯之外,还有没有哪些物质有这样奇妙的颜色变化呢?	学生自主思考	培养学生的发展感
	目标2:通过动手实践,探究的过程,能够得出哪些物质可以用来判断酸碱	合作探究	1.准备充分地实验用品,为学生动手实践做好准备。 2.补充实验探究过程中注意事项。 如:花瓣、紫甘蓝等都要研磨成汁才能使用。 只有在酸碱中分别呈现不同的颜色才可以作为判断酸碱的指示剂。在实验前,可以先猜测这种物质是否可以用来做酸碱指示剂,得出实验结果以后再与猜测对比,得出结论。这是实验探究的一般过程	学生利用提供的药物用品,对自己感兴趣的物质进行探究验证,观察是否可以用作酸碱指示剂。实验结束后,请小组成员分享自己的实验结果,以及在实验中遇到的问题、困难和心得	培养学生的关系感、归属感、发展感、获得感
		环节过渡	引导语:科学的实验才能得出有说服力的结果。很多的科学家就是通过这样一个又一个科学实验得出了现在我们熟知或是正在学习的一些科学定理。科学探究永无止境,不仅仅是在学习上,在生活中,大家也要用科学、客观、严谨的态度对待问题、难题!		

目标3:通过课后任务引导学生关注生活中的点滴知识	展示分享	引导语:我们知道了如何判断酸碱,那我们就可以利用这样的方法去找一找生活中的酸碱有哪些? 他们分别有哪些用处? 课后任务:找到生活中常见的酸和碱,并分析出他们的主要用途	自主学习、探究并展示分享	培养学生的发展感、获得感和自我实现感
	课堂总结	引导语:我们生活的世界是由多种多样的物质组成的。每一种物质,都有着自己独特而又神奇的特性。不同的物质相遇,又会出现不一样的现象。希望大家在学习的过程中,在成长的路途上,始终保持着茂盛的好奇心,旺盛的求知欲,再带上严谨的科学态度,去努力攻克一道又一道难关!		

四、完善课题研究机制,深入驱动教师提升

课题研究,对科学施教、提升教育质量、教师专业发展和学校发展都具有重要的价值和意义。[1]这里着重要阐明的是课题研究对教师专业发展所起的重要作用。

"问渠哪得清如许? 为有源头活水来",课题研究,就是老师专业发展的一股活水。教师在开展课题研究时,主要是围绕教育教学的方式、方法、内容等方面,针对自己日常教育教学工作中遇到的问题和困惑,通过课题的实施来寻求解决的路径。在这个过程中,教师会加深对所研究内容的认识,会发现教学的一些规律、模式、策略等,从而改变自己的教学理念与教学行为,实现有效施教、科学施教的目的。而且,教师一旦走上课题研究之路,就会成为一种良性循环:由被动科研向主动科研转变,由个体的研究向协作攻关的群体研究转变;[2]参与课题研究的老师个人,拓展了专业知识,

---

① 杨云龙:《教学工作是学校工作的中心,《江西教育》1988年Z1期。

② 周济:《大力加强教学工作,切实提高教学质量》,《中国大学教学》2005年第1期。

提升了教学科研能力,在教科研领域取得令人羡慕成绩和荣誉,个人的价值感得以体现。

课题研究对促进教师专业发展的作用显而易见,教师的专业发展又与学校的发展提升密切相关,所以,学校非常重视培养教师的课题研究意识、课题研究兴趣以及教师课题研究能力的提升。为此,学校多方举措,用心良苦。

优化机构设置,为课题研究提供人力保障。学校单独设立教科室,专门负责课题的申报、申报指导、月报表的审核等,负责对教师课题研究工作进行管理、示范、指导和研修。为了让老师们关注平时的教学行为,会督促35岁以下的年轻教师每月完成并上交1篇教学案例及教学反思。为了让老师们的研究有丰实的底蕴,每学期会为老师们推荐阅读书目,并要求撰写读书笔记,以读书沙龙的形式交流。

专家引领,助力课题研究。课题研究是一项比较专业的项目,对一线教师来讲也是挺有难度的事情。如何选题,如何使课题成功申报,如何写结项报告等等实际问题一直是阻碍老师们参与课题研究的因素。为此,学校多次邀请市、区级教科室的研究员为大家做专题讲座。在举行开题报告会时,再次邀请专家一一指导老师们的课题,帮着老师明确研究目标、梳理研究思路,助推课题研究往更专业的方向深入。

改进评价,助推研究动力。为使更多的老师参与课题研究,学校在评优评先、岗位评聘中都为课题研究者设立了加分项,以此促使老师们更积极地加入课题研究的队伍中。

功夫不负有心人。近几年,学校老师在课题研究方面取得了优异的成绩,在省、市、区级课题研究的相关奖项上都有所斩获。

案例6-6:

课题名称:学生自我展示视频在教学中应用

主持人:王奇

所在单位:郑州市第六十九中学

获得奖项:市一等奖

证书编号：k051601098

一、课题研究的背景

《物理课程标准》指出物理课程应促进学生自主学习，让学生积极参与，乐于探究，勇于实验，勤于思考。通过多样的教学方式，帮助学生学习物理知识和技能，培养其科学探究能力，使其逐步形成科学态度和科学精神，因此，物理教学方法迫切需要改革，培养学生学习兴趣尤为重要。

八年级是中学生学习物理的起始年级，况且物理学习需要良好的数学功底的支撑，有其独特的学科特点。八年级是学生在初中科目最多的一年，新增加的物理学科无形中给学生一种负担，因此，激发他们的学习兴趣显得非常重要。一方面是使学生做好心理上的准备，另一方面使他们对物理课的学习产生浓厚的兴趣，激发学生终身探究的渴望。基于以上原因我们提出了本课题的研究。

二、课题研究的目的

通过课题的研究，要求教师在使用、处理现有初中物理教材时，从有效教学的需要出发，对教材进行深度开发，引发教师深层次思考，激发教师的创新潜能，更新教师的教育观念，促进物理教师专业发展。进行物理教学的有效性研究，提高初中物理教学的质量，让学生在"玩"的过程中，不知不觉地构建知识体系，发展能力，感悟到物理的魅力，提升物理学习质量，使学生有兴趣主动去学习物理。

三、课题研究的依据

一是建构主义理论。建构主义学习理论认为，学习是一个积极主动的建构过程，学习者不应被动地接收外在信息，而应根据先前认知结构主动地、有选择地建构当前事物的意义．学习的质量是学习者建构意义能力的函数，而不是重现教师思维过程能力的函数．学生学习知识的过程，是一个以积极的心态调动原有的知识经验、发现新问题、同化新知识的主动构建过程。

二是义务教育《物理课程标准》(2011年版)对学生的三维目标要求。

四、课题研究的主要内容及预期目标

在教学过程中,哪种教学方法、教学形式,哪样的实验操作,哪些演示实验能引起学生的关注,激发学生的共鸣;哪些实际问题的探讨可以激发学生探究的渴望。

反思教学中有些学生认为物理难的原因。

五、研究措施及方法

对学生最感兴趣的教学方法、教学形式、实验操作、演示实验进行调查性研究;对学生的调查进行归纳性研究和具体化研究。提炼出学生最感兴趣的问题及原因;对教学方法,教学形式、实验操作、演示实验的种类进行研究。如先导后学的教学方法,体验式的活动教学,创新的演示实验等;在实际课堂进行创新教学,如活动课——测速度;学生分享课——新材料的应用。

六、实施阶段

(一)课题准备阶段(2015年9月)

1.提出初步构想,组建课题组,报上级科研部门批准。

2.查找相关资料,进行小课题相关知识培训。让参与教师了解课题研究的意义、研究的目的、研究的方法和研究的过程中可能出现的问题。通过网络寻求研究的方法。查阅相关的资料,进行理论学习,特别是对调查法、案例研究法等研究方法的学习,了解本课题研究的相关成果和动态。研讨课题实施的策略,明确各阶段任务,并要求课题组成员积极撰写论文,形成学习、研究、讨论的氛围。

(二)实施研究阶段(2015年9月中旬—2016年6月中旬)

1.2015年10月—12月

(1)对学生最感兴趣的教学方法、教学形式、实验操作、演示实验进行调查性研究。组织课题组的教师寻找机会,参加各个层次的听课、评课活动,收集积累相关实验教学有效性的成功经验,诊断实验教学存在的问题,收集案例,撰写自己针对实验教学常态课时的教学反思。

(2)对学生的调查进行归纳性研究和具体化研究。提炼出学生最感兴趣的问题及原因。

2. 2016年3月下—5月

(1)对教学方法、教学形式、实验操作、演示实验的种类进行研究。如先导后学的教学方法,体验式的活动实验,创新的演示实验等;

(2)对形成的理论的可行性进行验证性研究。(在实际课堂进行试验)积极参加各级各类培训。

(三)总结阶段(2016年6月)

对研究的相关材料进行分类汇总,撰写结题报告,准备结题。

最终预期成果:

1．探索出学生最感兴趣的,有效的教学特点。(理论成果)

2．教师的教学素养和教学艺术水平提高。(实践成果)

3．学生学习物理的兴趣显著提高。(实践成果)

4．优秀教学设计,论文数篇。(理论成果)

呈现方式:

1.研究论文

2.典型课例

3.优秀教学设计

七、课题研究取得的主要成果

通过如何激发八年级学生学习物理的兴趣的课题研究,结合我校教师全年公开示范课、区级赛教等活动,我校八年级物理教学发生了可喜的变化,有力地推动了我校新课程改革,主要表现在:

1.改变了课堂教学方式

结合我校推行的"因材施教,小组合作"的教学模式,使课堂教学方式产生了变革:一是变被动接受为积极探究;二是变以教师为中心的封闭、静态的讲授过程为学生主动参与的开放式动态教学;三是变学生呆板消极的学习行为为主动的动手、动口、动脑的灵活的学习过程,从而使课堂教学方式发生了根本性的变革。

2.教师的教学水平和能力明显提高

通过如何激发八年级学生学习物理的兴趣探究,提高了教师处理教材和合理利用教学资源的能力,教师能根据学生探究性学习的需要,合理地组织教学内容。

八、总结与反思

视频制作能够很好地提高学生的积极性,不管是成绩好还是不好的学生,录制视频的时候都显出了较高的积极性,能够很快地投入到学习中去,提高自己的成绩。对整体学生而言,录制视频能很快地集中学生的注意力,提高整体学生的学习效率和成绩。

当然视频制作过程中选择学生是有规则的,很多学生都很愿意参与视频的制作,不被选到往往还会有一些失落,选人规则要能够更好地提高学生积极性,比如作业好的,进步快的,发言积极的等等,切不可根据老师个人喜好。

总的来说,学校从两个层面来实现教师的专业发展。首先,学校秉承"幸福为本"的教师专业发展理念。在此理念引领下,注重党政工作建设,深化理想信念教育;关注理论提升过程,加强师德师风建设;积极开展工会活动,丰富教师课余生活。其次,以课程建设促进教师专业发展。具体思路为:注重理论储备,提升幸福内核;研讨观摩学习,提升自身水平;跨学科课程开发,推动教师发展;完善课题研究机制,深入驱动教师专业提升。总之,多方举措,共同发力,学校教师专业发展取得可喜成果,成就显著。

第七章　幸福花朵　处处绽放

第一节　桃李芬芳

总有那么一群人，默默无闻的付出，不求回报的努力，他们的愿望非常简单，只是单纯地想要祖国的幼苗能够成长为参天大树——他们就是教师。一个老师地幸福，莫过于看到自己的学生在各个领域能有所成就，可以遍地生花。在白居易《奉和令公绿野堂种花》中有提到"令公桃李满天下，何用堂前更种花"，可见人们对于教师所创造的价值自古就有深刻的理解。

自建校以来，学校秉承"幸福教育"的办学理念，坚持"五育并举"的教育方针。"五育并举"的"五育"是指德育、智育、体育、美育、劳育。根据专制时代和共和时代对教育的不同要求，从养成共和国民健全人格的观点出发，提出军国民教育、实力主义教育、公民道德教育、世界观教育和美感教育五育并举的教育思想，突破了中国近代社会中体西用的人才培养模式，体现出对传统教育思想的继承超越，以及对西方教育的主动汲取。新时代以来，更多的是要求学校以培养德、智、体、美、劳全面发展的中学生为主要任务。

在此基础上,许多先贤前辈在教育事业上都奉献了自己的热情,贡献了自己的力量。以燃烧自己照亮他人的蜡烛精神,为我们树立榜样。今天,学校有许多优秀教师,在他们的培育之下,涌现出了一批优秀的学子。他们是学校的学习之星、文明之星、劳动之星和三好学生。从他们的身上,我们看到当代青少年朝气蓬勃、积极向上的精神风貌和身为祖国接班人的责任与担当。

随着幸福课程在学校的开展,"幸福之花"处处绽放。

一、展现幸福课程成果

(一)数据体现"幸福"

针对提升学生幸福感的实验,结合第五章的幸福感问卷调查,学校进行了数据测评。实验第一年主要进行数据测评:我们面向全校进行问卷调查,运用SPSS26对各年级的班级,两两为一组进行独立样本T检验,筛选出在问卷得分上差异都不显著的班级,拟定了实验班和对比班进行对比试验。第二年我们对学校全部班级进行了幸福课程授课实践,由于全校范围的课程实践我们只进行了一年,故此前后测评数据不显著。下面我们用其中一个实验班近两年数据来对比实验效果。以2022届3班为例,八年级时进行前测,九年级时进行了后测,数据展示如图7-1所示:

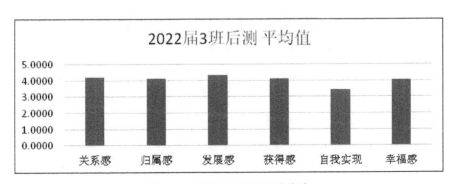

图7-1 2022届3班后测平均值

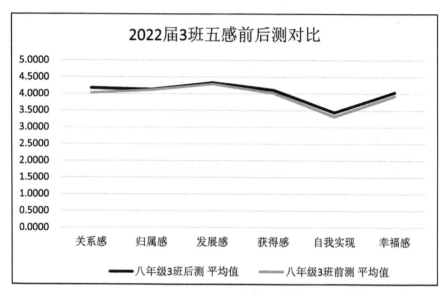

图7-2　2022届3班五感前后测对比

从图7-2的数据中可以看出，学生的五感都有所提高，其中关系感、归属感、自我实现感最为显著，发展感、获得感也有提升，总体幸福感数据变化显著。

（二）座谈感悟"幸福"

在课程改革实验的过程中，我们的学子真正感受到幸福的氛围，他们是这样说的：

2023届学生刘家彤：通过"研史铸梦"的课程，大家各抒己见，发表对校史的看法，我感到十分幸福。上课的时候我最开心，加强对校史的了解，也有助于加强我们对学校的了解。

2023届学生董博文：我觉得在了解校史时是最幸福快乐的，因为校史是真的十分精彩有趣，在观看校史照片时我最开心，因为那仿佛是现在与过去的六十九中相见面的场景，十分温馨与令人陶醉。我了解了历史变迁所要经历的一系列事情与规律，对我们所生存的这个世界有了新的看法，明白了自己的未来与梦想应与中国梦紧密相连。

2023届学生赵超越：了解到我所处的学校有那么多辉煌的历史，作为六十九中的学子，我感到非常幸福。在看到学校所有的奖牌、荣誉时最开心。让我更爱这个学校，更珍惜六十九中的寸光寸阴。

在与学生的交流中，学生明确表示了解学校会让自己更爱母校，更愿意为母校做出自己的贡献。从学生的种种话语中，感受到幸福教育的五感已经扎根在学生的心灵。

二、落实学生评价的基本素养

（一）点滴之间收获"幸福"

1.幸福感

对于学生来说，"幸福"莫过于看到自己的努力开出一朵朵成就之花。他们或是在学业上有所成就，或是在礼仪方面表现突出，更有甚者在劳动上是一个小能手。从自己的学习、日常生活中，渗透出丝丝的幸福之感。

学生的幸福可以是通过自己的努力，一步一步地提高自己，实现学业水平的提升。通过他人的肯定、赞誉，展现努力进取的幸福感。

进步之星 八二班方昊天

曾几何时，他的学习也不太用心，成绩平平。直到上一次月考，他考了全年级第47名，他一对比身边的朋友们，发现自己在不知不觉中已经落后太多了。自那之后，他开始有了危机感，在强手如林的班级，他发奋苦读了。刚开始英语落后，作业时常完成不了，他就在别人休息的时候抓紧时间复习。他上课认真听讲，积极发言，近一个月来老师们对他的评价是：聪明、积极、上进、自觉、要强、听话。终于功夫不负有心人，在刚过去的期中考试中，他考到了年级第4名的好成绩，足足进步了33名。他用积极进取的表现告诉我们：努力，任何时候都不晚。只要我们发自内心地去努力，一定会有收获。

2.参与度

学生的幸福可以来自对生活的热情，对劳动的热爱。积极参与每一次、每一天的值日,从不埋怨严寒霜冻,从不嫌弃环境脏乱,他们以自己的劳动来维护学校这个大家庭。对于积极参与劳动的学生,根据他们的表现评出"劳动之星"。

劳动之星　八二班李宏帆

李宏帆同学作为我们班的生活委员,处处起到先锋模范作用。她把微笑化作语言,友善化作行动,文明化作信念。在日常生活中,她从来不乱扔垃圾纸屑,每当发现教室内外有垃圾时,她会弯腰拾取,让它回归垃圾桶的怀抱;早上来到学校,她会把自己的桌椅和老师的讲桌擦得干干净净,抽屉里的东西摆放得整整齐齐,她说有序有条理是高效率的保障;轮到她们组打扫卫生的时候,她总是早早来到教室,认真做好值日;课间保洁她也做得一丝不苟,努力维护教室环境卫生清洁、舒心。她说教室是我们的第二个家,家干净了,细菌就少了。作为生活委员,她每天在值日生打扫过卫生之后都要细致地检查一遍,认真负责地完成生活委员的职责任务。她说我不能辜负老师对我的信任和托付,必须尽职尽责。

(二)温情关系营造"幸福"

1.关系感

在校园中,随处可见学生与同伴间谈笑互动的情景,他们或是谈论刚刚所学的课程,或是在聊自己的兴趣爱好,从他们的脸上看到青春飞扬的笑意。也有学生围着老师请教自己未掌握的知识和不太懂的习题,师生间的和谐互动,为校园增添一分色彩。

在课堂上,学生紧跟老师的思维步伐,积极回答问题,老师也会提出符合学生认知规律的问题,形成和谐有效的良性互动。同时与小组成员之间分工合作,敢于质疑,敢于提出自己的见解,交流情感与体验。师生和生生之间关系融洽和谐,使得校园生活更加丰富美好。

2.归属感

在教学上,改变传统的师教生学,让学生真正成为学习的主人。课堂上,积极发问,有主人翁意识;课堂外,积极参加学校各项活动,有较强的集体荣誉感,共同参与学校的发展。学校是每一位师生的另一个"家",在这个"家"中,大家努力维护"家庭"的和谐,不断让"家"变得更加美好。

3.发展感

随着课程的深入,学生跟随老师的步伐,不断掌握知识技能,提高自己的认知水平和学习能力。随着教学环节的层层深入,学生经过思考,不断地提出问题,解决问题,从而达到不断前进、不断发展的目的。

4.获得感

通过自身的努力,学生从学习中感受到成长的快乐,并都能有所收获。经过一个阶段的任务学习,总会涌现出一批优秀的学子,他们勤奋刻苦,并且能够带动身边的人,形成良性有序的竞争常态,在和谐的竞争中,激发前进的动力。

学习之星 九五班罗艺涵

在学习上,她刻苦努力,一丝不苟,作业字迹工整,成绩优异。这些都是因为她有良好的学习习惯、学习方法,良好的学习习惯会直接影响每个学生的学习效果。她做事总是从一点一滴做起:课前预习,找出不懂的问题,带着问题在学习;课堂上专心听讲,注意听老师的讲课和同学的回答,思考老师所讲的内容,并提出自己的疑惑,或者对同学的回答发表意见;课后写作业时,认真审题,独立完成,自觉检查,整个过程专心致志。

5.自我实现感

学生个性存在差异,学习爱好方面也各有所长。因此,教师设置不同的环节,满足不同层次学生的学习需求,在展示成果环节,学生积极性空前高涨。外向的学生踊跃参与,内向的学生也渐渐打开自己,敢于表达自己的看法,积极参与展示活动。

自我实现感的实现不仅体现在学习方面,还有通过一次次帮助他人而得到的自我实现。比如"雷锋之星"袁艺垚,他总有一双善于发现的眼睛,一颗拳拳的赤诚之心。

雷锋之星 九二班袁艺垚

她待人处事诚恳,从不说假话、办虚事。在家里,她是个好孩子,孝敬长辈,力所能及地帮父母干家务。她认为这是关爱父母的最好方式,也给自己多一些锻炼的机会,也因此得到了邻里的夸奖。在学校,她对自己要求严格,主动帮助学习困难的学生,积极参加志愿者服务活动、学雷锋活动。在工作上一丝不苟,热心班级工作,以勤奋踏实的工作作风在同学中树立了榜样。她的坚强、克己、进取,感染着我们所有人。柔弱似水的她,在别人最需要的时候,毅然伸出了援助之手,她用自己的善良与爱心感动着我们。在给予与接受的互动中,她感受到了个体的价值,体验了奉献的快乐。

(三)自我提高成就"幸福"

1.学业水平

成功并不是一个结果,而是一个过程。教师在关心学生学业水平的同时,也关注到学生的其他闪光点,挖掘到每一个学生特有的优点长处,让他的初中生活变得更快乐美好。

通过老师的帮助,学生更加自信,他们坚信世上没有什么困难是他们无法克服的,不管前面的山峰有多么的高,他们总能越过山峰,看到彩虹。在这样的一次次激励之下,学生的学业水平不断提高,学生真正成为学习的主人。

2.综合素养

随着幸福课程的开展,学生的综合素养普遍提高。热爱运动,操场随处可见学生跑步、踢球的身影;衷于绘画,画室里学生专心致志,挥毫泼墨;文明礼仪,见到老师、同学问好,规范自己的行为。他们争做有担当、有责任的新时代少年。在此基础上,经过选拔,我们找出了文明之星。

文明之星 七八班刘家彤

她见到老师主动礼貌问好,见到散落在地上的垃圾立即俯身捡起,见到遗失物品立刻报告老师,询问同学。她用语文明,举止得体,待人有礼,从不骂粗话脏话,从不随地扔垃圾,从不做不文明的事。

她平时喜爱数独、魔方、阅读、绘画等。她最喜爱的诗人要数刘禹锡——他一直都开朗乐观,豁达豪爽,从不怨天尤人。

她希望经过三年的学习生活,成为一个知礼、善学、负责、惜时的优秀学子,考入心仪学府,为校争光。

在教育工作者的辛勤努力下,我们的学子积极进取、勤奋努力,他们为身为学校的一分子而骄傲,老师也为他们的努力而欣慰。清风拂过,只见满树花朵一朵接一朵,年年绽开,肆意盛放,树下的泥土悄无声息,默默奉献着、传送着养分,"随风潜入夜,润物细无声"。

第二节　幸福教师

在学校幸福课程的开发、实施过程中,老师们最真实的体验是不断增加的幸福感、成就感与学校归属感,还有不断提升的幸福理念、专业素养与跨学科素养。

一、开发课程中体验"幸福"

为了了解学校教师在开发、实施幸福课程中的感受与收获,2023年2月12日,研究团队向学校教师发放了问卷,以下是关于教师在幸福感、成就感与学校归属感方面的数据。学校幸福课程实施以来,您认为自己的职业幸福感是否有所提升(见图7-3)?

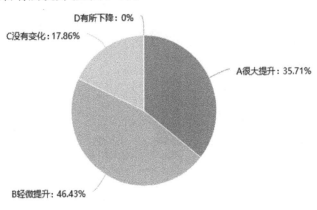

图7-3　幸福感问卷

我很乐意为学校争取集体荣誉而努力（见图7-4）。

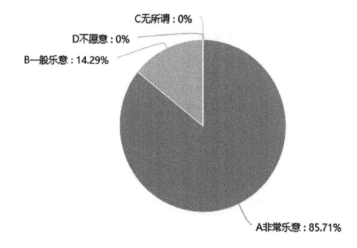

图7-4　争取集体荣誉问卷情况

在开发、实施幸福课程的过程中，有35.71%的老师幸福感有很大提升，46.43%的老师幸福感有轻微提升；85.71%的老师表示愿意为学校争取集体荣誉而努力。老师们由内而外的学校归属感，为学校发展奠定坚实的基础。

学校幸福课程实施以来，您都获得过哪些教学成果（见图7-5）？

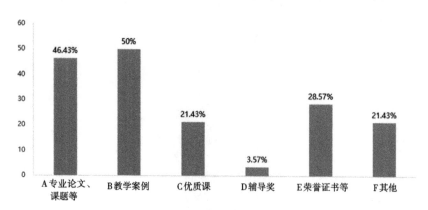

图7-5　教学成果情况

学校开发幸福课程中,老师们的思考多了,问题多了。在追寻问题答案的过程中,课题、教学案例方面获得了丰硕的成果,也获得了满满的成就感。

二、实施课程中理解幸福

在学校幸福课程的实施中,除了不断增加的幸福感、成就感与学校归属感,老师们对幸福的理解也更加深刻,更加开放,更加包容。幸福理念不断内化,幸福教育生根发芽。学校在"培养孩子获得幸福的能力"的办学理念引领下开展一切教学活动,幸福教育为学校学子走可持续发展的、和谐而完整的人生道路打下坚实的基础。在六十九中,幸福教育早已蔚然成风,它渗透在教师日常教学的点点滴滴中。老师们的幸福教育理念潜移默化地影响着学生,"让幸福成为一种习惯"早已融化在学校师生的血液里,与他们今后的幸福人生相伴相随。

要想在未来拥有幸福的人生,必然要求孩子有能力面对当今世界纷繁复杂的国内外形势,日新月异的变化。为使学生应对复杂多变的事情,帮助学生整体认知世界、探索世界,促进学生整体发展,老师们破除学科界限,关注学科核心概念及学科间的大概念,把不同学科、不同领域的理论和方法有机融合,以现实问题的研究与解决为依托,通过不断地研究—反思—扬弃—改进设计,组织幸福课程内容和教学活动。在这一过程中,老师们的知识结构不断更新,专业能力不断增强,特别是跨学科素养有了很大提高。

下面是学校教师问卷调查在幸福理念、专业成长、跨学科素养方面的数据。

您认为教师专业成长的最佳途径是?

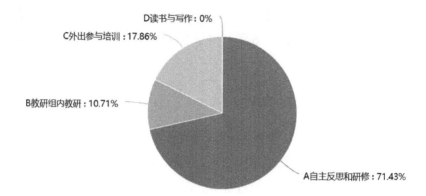

图7-6　教师专业成长最佳途径问卷情况

幸福课程实施后，老师们更加开放、包容的幸福理念使课堂活跃度、学生积极性、听课效率都有了明显提升；老师们也把自我成长看成一件幸福无比的事，71.43%的老师认为自主反思和研修是教师专业成长的最佳途径（见图7-6）。

您是否参与其他学科教师的课堂听课和研讨活动（见图7-7）？

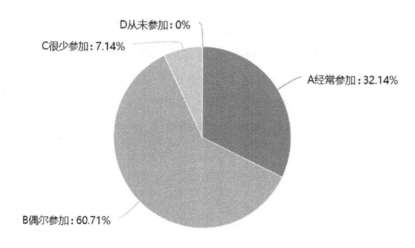

图7-7　参与其他学科课堂情况调查

学校幸福课程实施以来,您是否参与过跨学科课程的开发(见图7-8)?

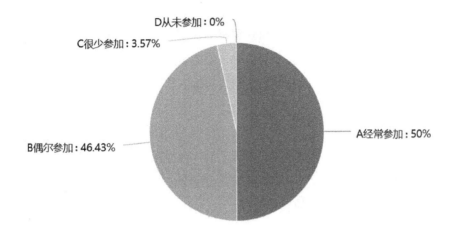

图7-8　参与过跨学科课程开发情况调查

在平时的教学中,您是否运用跨学科理论指导教学(见图7-9)?

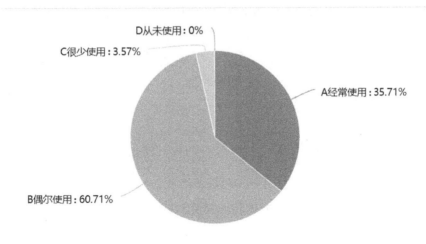

图7-9　运用跨学科理论情况调查

幸福课程实施以来,50%的老师经常参与跨学科课程的开发,97.43%参与过其他学科教师的课堂听课和研讨活动,35.71%的老师经常使用跨学科理论指导教学；46.43%的老师开始有跨学科教学意识，也开始参与跨学科课程开发，60.71%的老师开始学着运用跨学科理论指导教学，老师们的跨学科素养不断提升。

幸福课程不仅为学校的幸福教育奠定了坚实的基础，更为学生与老师们的幸福人生奠定了基础。老师与学生们的幸福又为六十九中的"幸福教育"提供源源不断的动力，幸福教育创造幸福未来！

三、完善课程中收获"幸福"

老师们不懈追求、不断进步，在自己的专业领域迅速成长，学科素养明显提升，教学成果显著。骄人的成绩给老师们带来巨大的成就感与幸福感，下面是学校部分老师的获奖情况。

（一）优质课获奖情况

近年来，六十九中的谷跃丽、李毅贤老师在国家级优质课中获得国家级一等奖，郭凌、宰晓涵等四名老师在河南省优质课、精品课中获得一等奖，王云等两名老师在河南省优质课、精品课中获得二等奖，马豪娜等六名老师在郑州市优质课中获得一等奖，时丽琴、韩芳芳等二十六名老师在郑州市优质课中获得二等奖，李洋、姚亚行等二十三名老师在中原区优质课中获得中原区优质课一等奖。

（二）科研获奖情况

近年来，学校在教育科研中省级课题结项2项、市级课题5项、区级课题9项、省级成果获奖2项、市级成果获奖5项，其中课程建设成果占课题总数的80%。

(三)校本课程获奖情况

学校启动课程改革以来,校本课程在各级比赛中获得国家级奖项4项、省级1项、市级3项、区级6项,与之相关的课程案例也获得省市级奖项。

第三节 层层花开 硕果累累

一、过程中体验幸福

(一)琢磨幸福

作为一名教师,幸福是学生点滴的进步,是学生对老师的声声呼唤,是一次次教室里传出的爽朗的笑声。幸福地工作会赢得学生的喜爱,幸福的人生会更精彩,幸福无时无刻不在我们身边。下边访谈部分是老师对幸福的理解:

王晓敏:幸福没有一个明确的标准,却人人可以去感受和品味它。对于教师而言,幸福是学生脸上洋溢的一抹微笑,幸福是同事之间的协同配合,幸福是来自领导坚定的认可,幸福是自己对教师职业的无私奉献……幸福其实很简单,它来源于生活的点滴,只要我们用心去感受它,它就会出现在我们生命的每段历程,伴我们一生,直到永远。

毛菲:幸福是无法用拥有多少来比较的。幸福在于用自己的能力去努力创造,去用心感受。作为教师,与孩子在一起,能够用我的所知所为来对他们的成长有些许的引导,我就是充实的,幸福的。

邱轩:"问渠哪得清如许,为有源头活水来。"学习是教师的终身必修课,我的幸福来源于和学生一起共同学习,共同进步。

梅向红:走进教室,迈上讲台,与孩子们共品古今美文,共赏唐诗宋词……盈盈笑脸,琅琅书声,青春飞舞,激情昂扬,这就是我们的幸福。

(二)洞彻幸福

2019年4月,六十九中与华南师范大学签署了《以核心素养为本的郑州市第六十九中学课程体系建设与学校整体变革创新实验项目》。这不是一次简单的教学改革,而是六十九中幸福文化的根基深扎、蔓延的里程碑。课改团队以幸福文化为引领,从零起步,多措并举,开展幸福课堂建设,构建幸福课堂形态。全体教师开拓创新,勇于实践,将"幸福"理念融入课堂,渗于课下,理解幸福含义,践行幸福教育,享受幸福生活。此项目也多次在区、市级汇报中,受到领导及专家的好评。2021年学校荣获"中原区学校课程建设奖",为学校课程建设的开展助力。

(三)发展中见证幸福

1.办学理念

十年树木,百年树人,六十九中秉承着"培养孩子获得幸福的能力"的办学理念,不断开拓创新,服务社会。

2.学校发展

不断地创新发展中的学校,逐渐成为附近居民口中的"家门口的好学校",人民满意度不断提升,同时学校的各方面不断获得长足的发展。

在郑州市中原区品质教育的指导下,学校不断深耕优质发展。由于教学业绩突出,幸福育人特色显著,学校被命名为"河南省首批义务教育标准化管理特色校""郑州市首批创客示范校""国家级足球示范校""国家级篮球示范校",荣获"中原区先进基层党组织"荣誉称号,被河南省海军青少年航空学校授予"河南省青少年航空学校优质生源基地",并连续三年获得"郑州市普通初中教学创新先进单位"荣誉称号。

2018年9月,郑州市教育局提出100所"新优质初中"创建和培育计划,让更多义务教育阶段公办初中成为"家门口的好学校"。2019年11月,经过全体师生的共同努力,学校顺利通过初级验收,成为"新优质初中"培育校。随后,学校全体教师聚焦专业成长,推进教学变革,关注课堂品质提升,积极探索切合学校实际的发展路径,既坚持了自己幸福教育的办学理念,又拓宽了发展的视野。2020年9月,在"新优质初中"创建验收中,我校获得了"郑州市新优质初中"这一光荣称号。2022年6月,六十九中被评为郑州市文明校园,为学校的优质发展锦上添花。

(四)质量中彰显幸福

1.教学质量

学校在幸福教育的理念指导下,不断创新教学方式方法,教学成绩连年提高。

特殊时期,老师们克服网络差、设备简陋等困难,隔着屏幕为孩子们传授知识，传递力量。返校复课后，教师们承受着教学与安全值班的双重压力，超负荷的工作，无一人叫苦，无一人喊累。最终，所有人的努力拼搏、默默奉献汇成一股洪流，让孩子们成长，给孩子们力量。在如此艰难的一年，我们再次用实际行动诠释了六十九中精神，教学质量也大幅度提升。2020届不负众望，10名优秀学子考入大三甲，96名同学被省级示范性高中录取，156名同学被市级以上示范性高中录取，76名同学作为优质生源被省级示范性高中分校录取。2021年中招再创佳绩！学校考入郑外、一中、省实验、4中、11中、7中大小三甲名校共20人，92名同学被省级示范性高中录取，省级示范性高中录取率达30%。值得一提的是学校的郑郝同学以596分的成绩名列郑州市第一名。2021年学校被评为"中原区教育先进集体"，获得"2021年度教育系统平安校园建设先进单位"荣誉称号，2022年度被评为中原区普通中小学德育创新先进集体，受到了社会各界的一致好评！

2.五育并举

学校始终以"立德树人"为总目标，尤其重视学校德育工作，把德育融入课堂教学中。同时围绕该总目标不断开展系列活动，如法制教育系列活动，扫黄打非系列活动，阳光体育系列活动，心理健康系列活动等，保证了人才培养的正确方向，同时促进了学生的全面发展。

近几年，学校从校本课程体系入手，进一步提升课程品质，形成鲜明风格，全力推进素质教育高质量发展。体育组注重日常训练，奋勇拼搏，风雨无阻，篮球队获得2020年郑州市晨光杯篮球赛初中组第8名，进入了郑州市8强。2023年在河南省青少年篮球锦标赛U13男子组比赛中，获得全省第六名的好成绩。女足获得在郑州市"市长杯"比赛中初中组甲组第4名、男足获得甲组第8名的突出成绩。同时，也为省、市示范性高中输送大批优质体育生源，为学校的发展做出了巨大贡献。丰富多元的阳光大课间活动，在"郑州市第七届中小学生体育节优秀体育大课间活动"中获特等奖。创客、美术、舞蹈、合唱等社团活动也是如火如荼，佳绩不断。经过全体教师的共同努力，凭借过硬的业绩条件，2020年，学校被评为"河南省首批义务教育标准化管理特色校",真正成为孩子们全面发展、幸福成长的摇篮。

(五)优秀学子回味幸福

从六十九中毕业的学子们,对母校怀有深深的感恩之情,他们或走向高中,或继续深造,或已参加工作,为国家、社会贡献着自己的力量。但不管他们走到哪里,始终未忘母校培育之恩。

以下为毕业学子们给母校的信:

李其迈,2013年毕业于郑州市第六十九中学,后考入郑州市第一中学。本科就读于浙江大学计算机科学与技术专业。目前于香港理工大学攻读博士学位,从事人工智能方向的研究。博士期间在顶级学术会议发表多篇论文,文章总引用超过一千次。

致郑州市第六十九中学亲爱的老师们、同学们:

转眼间,我阔别母校已十载有余。十余年前,六十九中在我的求学生涯中种下一颗种子;十余年间,我带着这颗种子辗转多地,历经高中、大学、海外读博,四处奔波;十余年后,我已成为人工智能领域的一名小有成就的学者,很庆幸我未曾辜负学校、老师的期望,做到了学有所成、学有所用。我可以很自信地说,母校种下的这颗种子已经长成参天大树,并将在未来结出累累硕果。饮水思源,母校的栽培我毕生难忘。在此特写此信,既向学校和老师们表达感激之情,也希望能勉励诸位学弟学妹们认真学习、努力奋斗。

在六十九中读书是幸福的,因为这里既有活泼可爱的同学,更有认真负责的老师。我虽已离开学校多年,但仍然不敢忘记各位老师的谆谆教诲。师者,所以传道授业解惑也。母校的各位老师不只是我学业上的传道士,更是我人生路上的一盏灯。在此处特别向我的两任班主任刘玉老师、王娟老师以及各学科任课教师表示感谢。谁言寸草心,报得三春晖,师恩永志我心。

在今日之中国读书也是幸福的。我国社会仍在高速发展,各个领域日渐取得全球领先地位,高新科技不断涌现、多点开花,各行各业仍然大有可为。在今日之中国读书,既能改变个人的命运,也能在日后报效社会、改变世界。期待各位学弟学妹们能抓住机会、刻苦学习,并在将来成为时代弄潮儿。

风好正扬帆,奋斗正当时。与诸位共勉。

此致

敬礼!

您的学生　李其迈

2021 年 12 月 18 日

张泽普,来自郑州市第六十九中学的2016届学生,高中就读于郑州市第四高级中学。2019年以586分考入海军航空大学,成为一名飞行学员,想成为一名舰载机飞行员。

来信如下:

一个人的生命是应该这样度过的:当他回首往事的时候,不因虚度年华而悔恨,也不因碌碌无为而羞耻。

那我回想往事,我得到了什么?

在我人生的21年里,我常常会想自己这些年来有哪些经历?我从中得到了什么?如果没有学校的养育我会走上什么样不同的人生?谁推动了我向前奔跑?

我认识到,在我向上的发展过程中,学校起到不可磨灭的作用。

我并不认为自己是一个多么聪明的人,我觉得我所拥有的只是对所学知识的不断积累,不断加深与巩固。而这些在我思想体系还没有完全建立的时候,是老师帮助了我。没有人能够否定那些天资聪颖的人,但实际上,我们大多数都只是一个普通人,所以在人生的前行道路上,老师带给了我们腾飞的翅膀,能够在未来发展下去的力量。自己所能做到的,无非是从学习中找到适合自己发展的道路,而学校便是那无私的铺路人。

我很感谢母校给我带来的一些得天独厚的优势。比如说更加广阔的平台,更加宽广的知识体系。比如说老师日复一日的陪伴。是他们帮助我走完了九年的义务教育,并步入了更高的学习平台。我想我是幸福的。同样,我也是幸运的。以小来看,在考试失利时,老师没有为此而责怪,反而是帮助我分析其中的不足,以及下一步改正的措施。以大来看,老师传授了我科学的学习方法,求真务实的学习态度,以及对待人生时,要勤勤恳恳充满热情的价值观。这些都在我后来的生活中起到了夯基固本的作用。我想没有人会否定老师的功绩,他们帮助我塑造了健全的灵魂以及强健的体格。是他们告诉了我,人生应该如何去走,应该如何走好,应该如何对待自己的人生,如何走向更好的未来。

人是社会中的人,离开社会他便一事无成。而我自从毕业之后,走向更高一层的平台,也遇到了许许多多的志同道合之友,认识了许多不同领域的业界大佬。是母校,给了我多元发展的能力。

人外有人,天外有天,在离开母校的这六年里,我也同样感受到自己的渺小和不足,知识面的拓展让我更加感受到学校的可贵。在向上发展的同时,我也时常会想起那些在学校里拼搏的身影,想起那些努力过的时光,它们都成为自己发展的坚实基础,成为自己向上、向前、向更好的未来发展的最足的动力。我总会想起在我还是一个十三四岁的孩子的时候,是学校带给了我多元的知识，是老师对我的谆谆教诲，让我了解到这个世界的广大，认识到自己的不足，从而能够更加踏实稳重地成长。

特别感谢常老师那为了讲明白一道题而不惜占用自己休息时间的良苦用心，感谢语文老师腹有诗书气自华的气质，感谢政治、历史和物理老师那博学而广阔的知识，感谢化学、生物老师告诉我严谨认真的务实态度，感谢英语和地理老师带给了我不一样的文化。是他们，塑造了我的人生观。

说到这里，我想起了一句歌词"如果明天就是下一生，你将如何度过今天"，没有人会知道未来是怎样，因为自己才是未来的奠基人。在这个时代，懒怠生活的人最后也会被生活懒怠，所以要时常思源，时常感恩，从过去中走来，向更高处走去。

张泽普

2021 年 12 月 21 日

2017 年毕业的学生李泽一，后进入郑州市第一中学，担任团支书，获优秀团干称号。大学就读于天津科技大学，获天津市公共管理案例大赛三等奖，专业第三，获校一等奖学金。

敬爱的母校：

您好！

回想起中学时代，从刚入学的青涩到离开校园的伤感，一切都是氤氲的模糊，又好似近在眼前。

我凑巧体验了校区的搬迁，赶上了学校办学条件和教学设备有史以来最好，教学质量快速上升的时期。教室窗明几净，功能多样；社团生活丰富多彩。遇上一批优秀敬业、工作认真负责的好老师，每个老师性格虽不同，但对学生的关爱是真真切切，他们对学科一丝不苟的态度也渐渐成为我学习时的态度。

然后是一些给学弟学妹们的心里话，包括三个关键词：竞争、定位、珍惜。在良性竞争中自我提升，成为自己最想成为的模样；正确认清自己，真诚地寻求自己的人生的意义；珍惜身边的人事物。

最后，感谢母校三年的教导，使我成为如今的模样。祝愿母校英才辈出,桃李芬芳！祝愿老师身体健康,合家幸福！祝愿学弟学妹,快乐学习,早日成才！

此致

敬礼！

您的学生李泽一

2021 年 12 月 22 日

不论身在何方,他们总是带着对母校的感激之情,带着母校的谆谆教诲,在社会的洪流中贡献自己的力量！

(六)未来践幸福、续辉煌

面对复杂多变的国际环境,习近平总书记提出了"共同构建人类命运共同体"的宏伟蓝图,呼吁国际社会开放包容、同舟共济、共同繁荣。宏观如此,微观层面也是这样。《孙子兵法》有云:"上下同欲者胜。"古语说:"千人同心,则得千人之力;万人异心,则无一人之用。"作为六十九中大家庭中的一员,所有教职员工立足本职,求同存异、团结奋进,践行幸福理念,为学校的发展贡献智慧和力量。

新时代孕育新机遇,新使命呼唤新作为。学校将继续不忘昨日的困难与辉煌,不愧今天的使命与担当,不负明天的伟大与梦想,上下同力、创新开拓,共同续写六十九中新的辉煌！

致　谢

　　在完成这本《璞玉日琢 洞彻幸福:基于学生核心素养的"幸福课程"体系建设》之际,我想要表达我最深的感激之情,向那些在我学术旅程中给予我支持、鼓励和帮助的人们致以诚挚的谢意。

　　首先,我要由衷地感谢华南师范大学的左璜教授。她的专业知识、耐心指导和无私奉献为本书的内容质量提升贡献了重要力量。在学校核心素养课程建设的探索实践上及在本书撰写和出版过程中,左璜教授的指导和鼓励都是我前进的动力。

　　还要衷心感谢中原区教育局教研室,为本书的出版提供了全方位的支持和保障,本人才得以有机会将学校课程改革实践成果呈现给广大读者。

　　此外,我要特别感谢在本书撰写及出版过程中提供巨大帮助和无私奉献的老师们:王晓、吴佳、马豪娜 、张利霞、李瑞杰、李双、刘露、刘军、徐红民、毛菲、赵红晓、李欢、梅向红 、王云 、王欢欢、李崇濮、时丽琴、郭振锋、黄文霞、范卉、张晓娟、王晓敏、郭凌、常淑娟、谷跃丽、马娟、刘冰冰、白华、吴丽斐、贾若瑜、王娟、王晓宁、杨佩艺。他们的洞察和建议对本书的框架和内容产生了深远的影响。

　　最后,还要感谢编辑和出版团队,他们的严谨和专注,使得本书的语言和结构更加清晰和准确。并且在筹备出版各个环节的精心策划和高效执行,为本书的顺利出版提供了坚实的保障。

我期望本书不仅能够达到读者的期望,还能为学校核心素养课程改革建设领域的探索和研究提供实质性的帮助和有价值的借鉴。

贺建伟

2023年8月8日